クイズ
早川で出会える
動物たち

早《はや》川《かわ》町《ちょう》の魅《み》力《りょく》

1回に5人しかわたれない「雨《あめ》畑《はた》のつり橋《ばし》」

大《だい》迫《はく》力《りょく》!落《らく》差《さ》 55メートルの「見《み》神《かみ》の滝《たき》」

ヘルシー美《み》里《さと》は、旧早川北中学校の木《もく》造《ぞう》校《こう》舎《しゃ》を活用した研《けん》修《しゅう》・保《ほ》養《よう》施《し》設《せつ》です

新《あら》倉《くら》断《だん》層《そう》は日本列島のわれ目といわれています

早川町は黒くて少し太めのそばが有名です

「おばあちゃんたちの店」には地元のしんせんな野菜がならびます

早川中学校

緑にかこまれた早川中学校

第37回白鳳祭《はくほうさい》のテーマ「共鳴《きょうめい》」

白鳳祭では、生徒自身が演劇《えんげき》をつくっていきます

生徒と先生がいっしょになって合唱を行います

講堂《こうどう》に力強い白鳳太鼓《だいこ》がひびきます

早川南小学校

青空におおわれた早川南小学校

2019 年 4 月　4 人の新一年生をむかえました

本がいっぱいの楽しい図書室

２月に行われる「ありがとうコンサート」
でダンスをおどりました

放課後は、先生もいっしょに吹奏楽《すいそうがく》の練習をします

早川北小学校

山にかこまれた早川北小学校

2019年4月　3人の新一年生をむかえました

一輪車でみんなの心と手をつなぎます

みんなで力を合わせてやりとげました

全員で奈良《なら》田《だ》追分《おいわけ》を唄《うた》って踊《おど》りました。

早川南小学校

きんちょうしながらのリハーサル

さあ、はじまります

6 年生 4 人で音を合わせて演奏《えんそう》します

みんなで力を合わせて、
演奏をやりきりました！

あこがれの山梨県《やまなしけん》小学校バンド
フェスティバルのステージです

早川北小学校

何がいるのかな？

土の中にどんな生き物がいるのかな？

ビーンズの活動を
子どもたちは
楽しみにしてます

双《そう》眼《がん》鏡《きょう》も使って
観察します

みんなの手を
つないで、木
のまわりをは
かります

小さな町のでっかい笑顔

文・浜田尚子

早川南小学校のお話

早川町のお話

早川北小学校のお話

早川中学校のお話

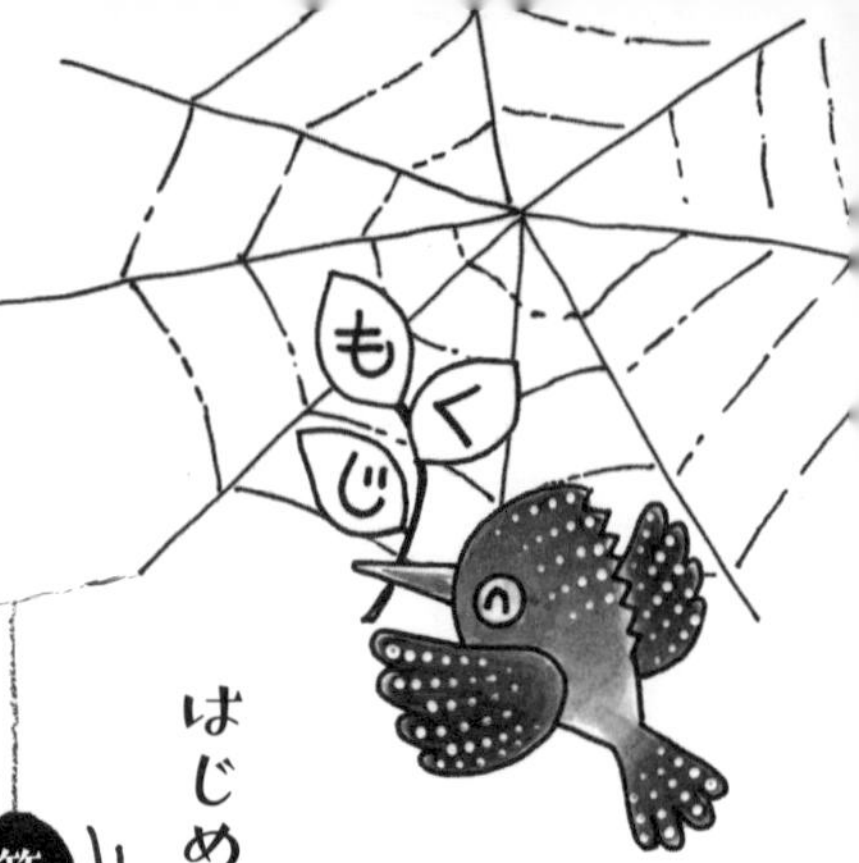

もくじ

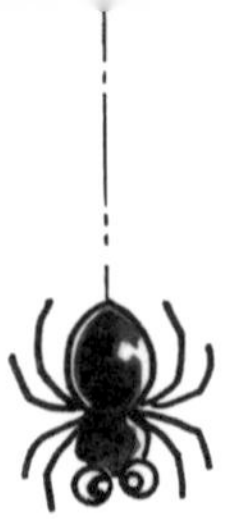

小さな町のでっかい笑顔

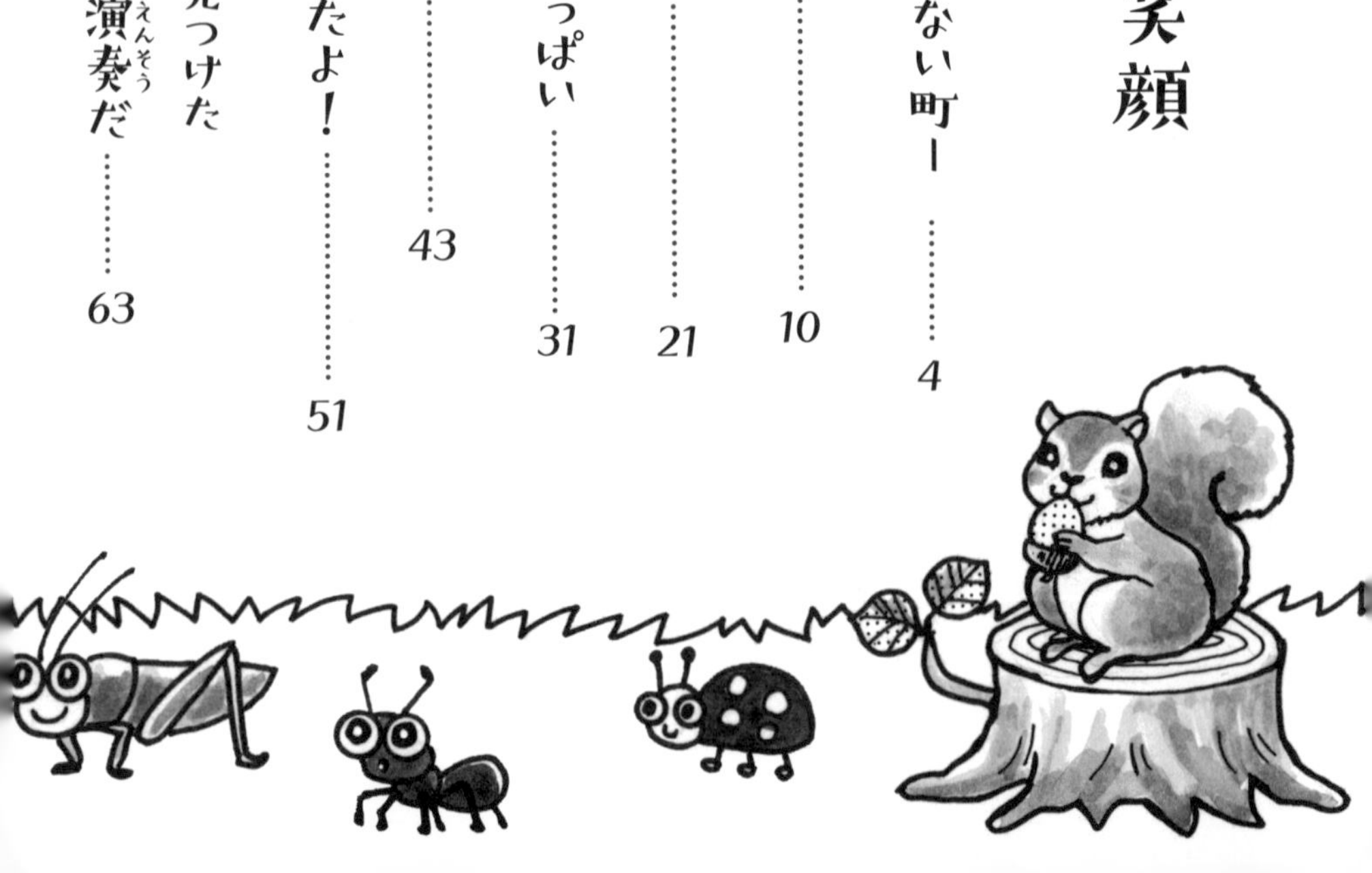

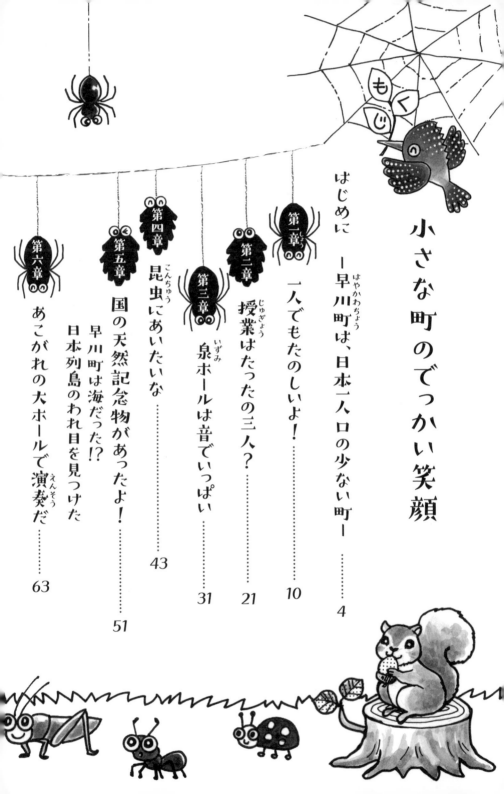

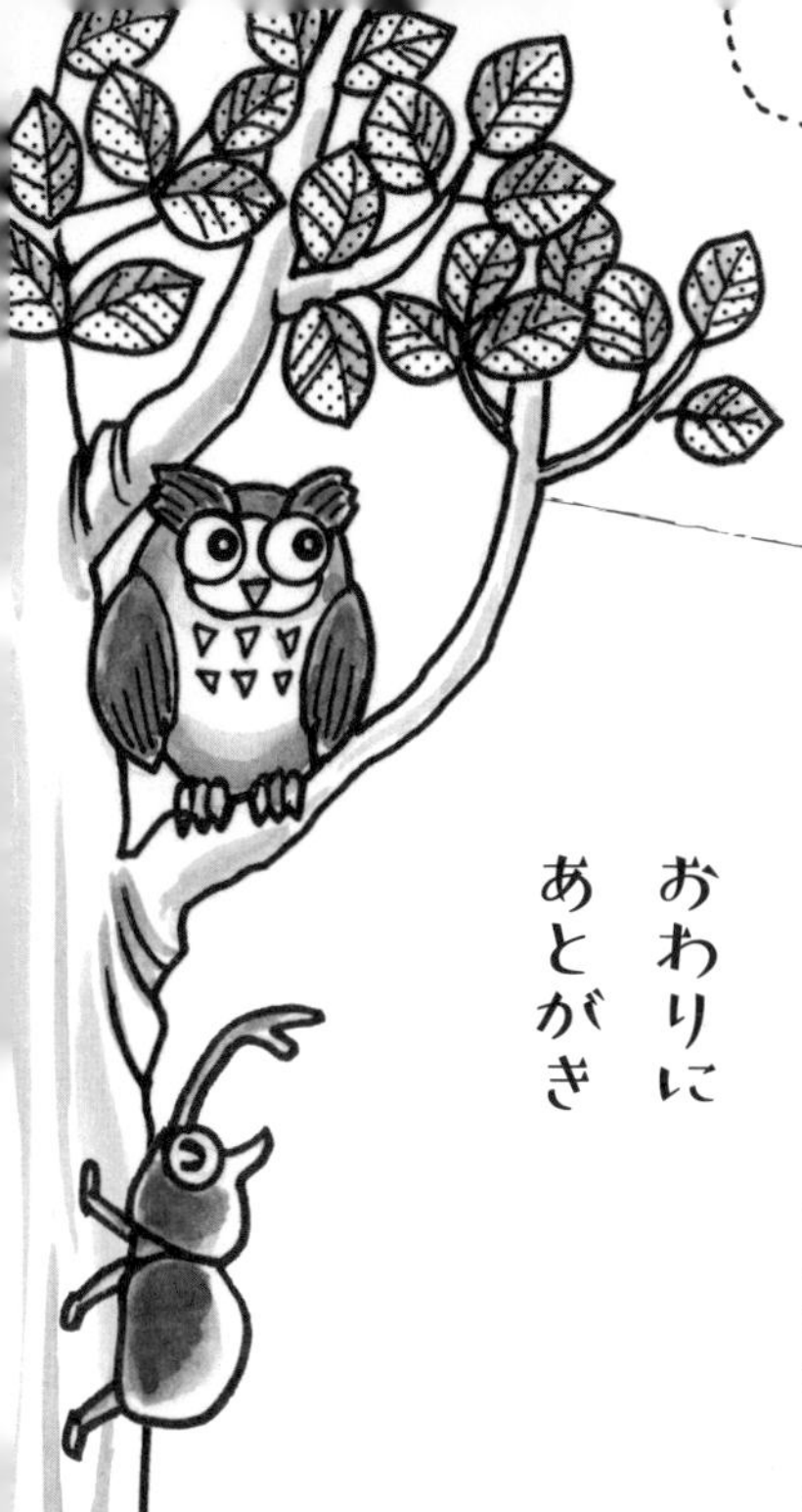

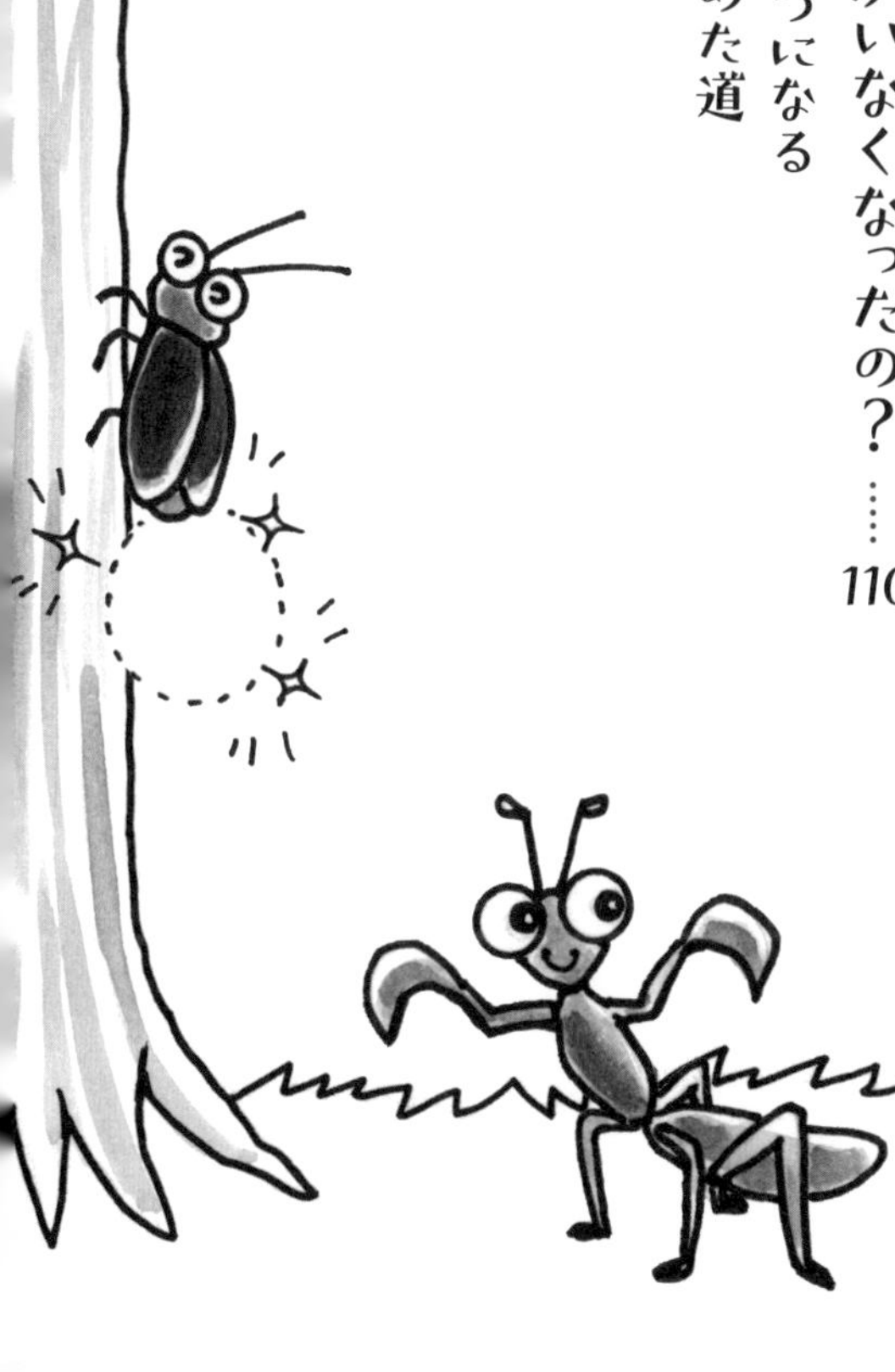

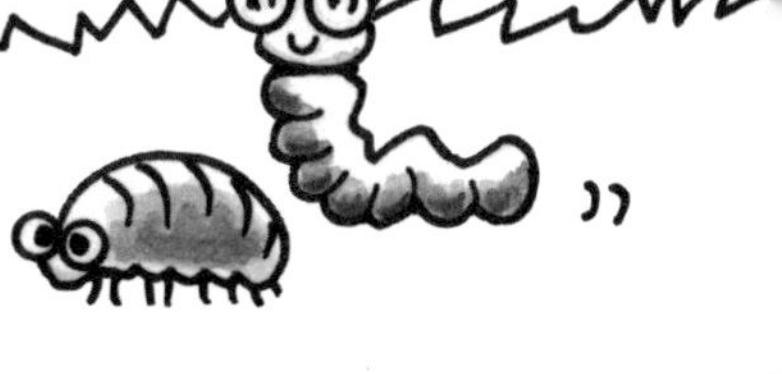

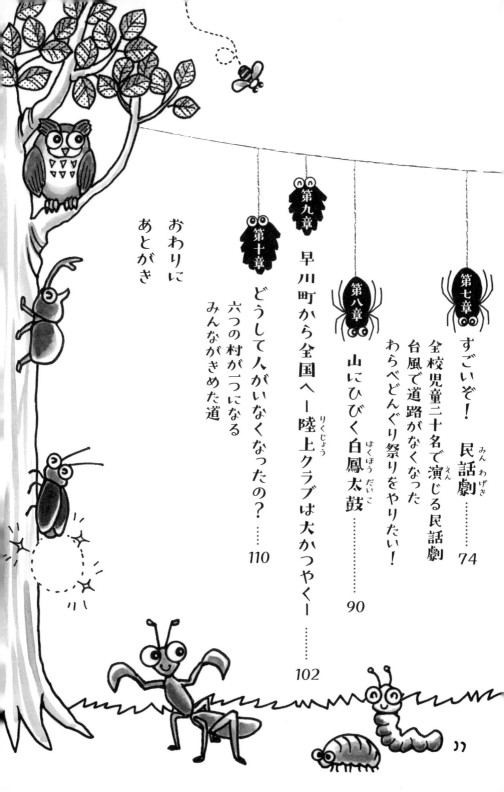

はじめに　ー早川町《はやかわちょう》は、日本一人口の少ない町ー

みなさんの小学校には、子どもたちが何人いるか知っていますか？

「えー？　しらないよ！」

「いっぱいいるよね。みんなで二百人かなぁ？　三百人くらいかなぁ？」

自分の通っている小学校の人数が、全員で二十人だったらどう思いますか？

「やだよ！　少なすぎる！」

「運動会や学習発表会はどうするの？」

心配になってしまうことが、たくさんありますよね。

これからお話する早川町には、そんな小学校があります。

みなさんは学校で劇《げき》（お芝居《しばい》）をやったことはありますか？

「はい、あります！」と、とても元気な声が聞こえてきました。

劇では、どんな役をしましたか？　セリフは覚《おぼ》えられましたか？

この本に登場する早川町立早川北小学校《はやかわちょうりつはやかわきたしょうがっこう》（以下、早川北小《はやかわきたしょう》）の子どもたちは、早川町の「昔《むかし》ばなし」を台本にした「民話劇《みんわげき》」を、毎年発表しています。

早川北小の全校児童は二十名（二〇一九年十月現在《げんざい》）。民話劇は、一年生から六年生まで全員いっしょに演《えん》じます。みんな一人二役は当たり前。十回以上セリフをはなし、長いセリフも覚えています。一人ひとりが主人公の民話劇です。

早川町には、もうひとつ小学校があります。早川町立早川南小学校《はやかわちょうりつはやかわみなみしょうがっこう》（以下、早川南小《はやかわみなみしょう》）です。二〇一九年十月現在、全校児童は二十三名です。

早川南小は、約五十年にわたり吹奏楽《すいそうがく》活動に取り組んでいます。子どもたちだけではなく、先生もいっしょに吹奏楽活動に参加します。山梨県《やまなしけん》小学校バンドフェスティバルに参加するなど、少人数でも音楽で活躍の場をひろげる学校です。

早川南小では、三年生になると自分で演奏する楽器を選《えら》びます。週三回、放課後に子どもたちと先生がいっしょになって、楽しそうに練習をしています。

毎日明るい声がひびく、この二つの小学校があるのは、山梨県南巨摩郡早川町《やまなしけんみなみこまぐんはやかわちょう》です。南アルプスの大きな山にかこまれた、日本一人口の少ない町です。町の人口は、千四十人です（二〇二〇年三月末現在《げんざい》）。

早川町は水力発電所の建設《けんせつ》と林業のおかげで、多いときには約一万人が住んでいたことがありました。当時は小学校が六校。中学校も六校ありました。

ところが、町をささえていた水力発電所の無人化と林業がさびれたことにより、働く人がいなくなると、町の人口が急にへりはじめました。

そして子どもも少なくなり、学校の廃校《はいこう》や統廃合《とうはいごう》が行われました。学校がなくなることを「廃校」、いくつかの学校を一つにすることを「統廃合」といいます。

早川町には、小学校二校と早川町立《はやかわちょうりつ》早川中学校《はやかわちゅうがっこう》（以下、早川中《はやかわちゅう》）が残りました。

二〇一一年四月。早川北小の入学式と始業式では、全校児童は十一名でした。

超小規模校《ちょうしょうきぼこう》とよばれる学校になってしまったのです。

学校の先生をはじめ、保護者《ほごしゃ》のみなさん、町の人々は、この町の将来《しょうらい》を心配してなやみました。

ところが、八年後の二〇一九年十月。早川北小の校舎《こうしゃ》からは、明るく楽しそうな声がひびいていました。早川北小の全校児童は二十名になりました。

なぜ子どもたちは、増《ふ》えたのでしょうか？

子どもたちは、どこからやってきたのでしょうか？

それでは、早川町でかがやく子どもたちと、それをささえる町の人々のお話をしたいと思います。

早川町
山梨県
マップ

早川町マップ

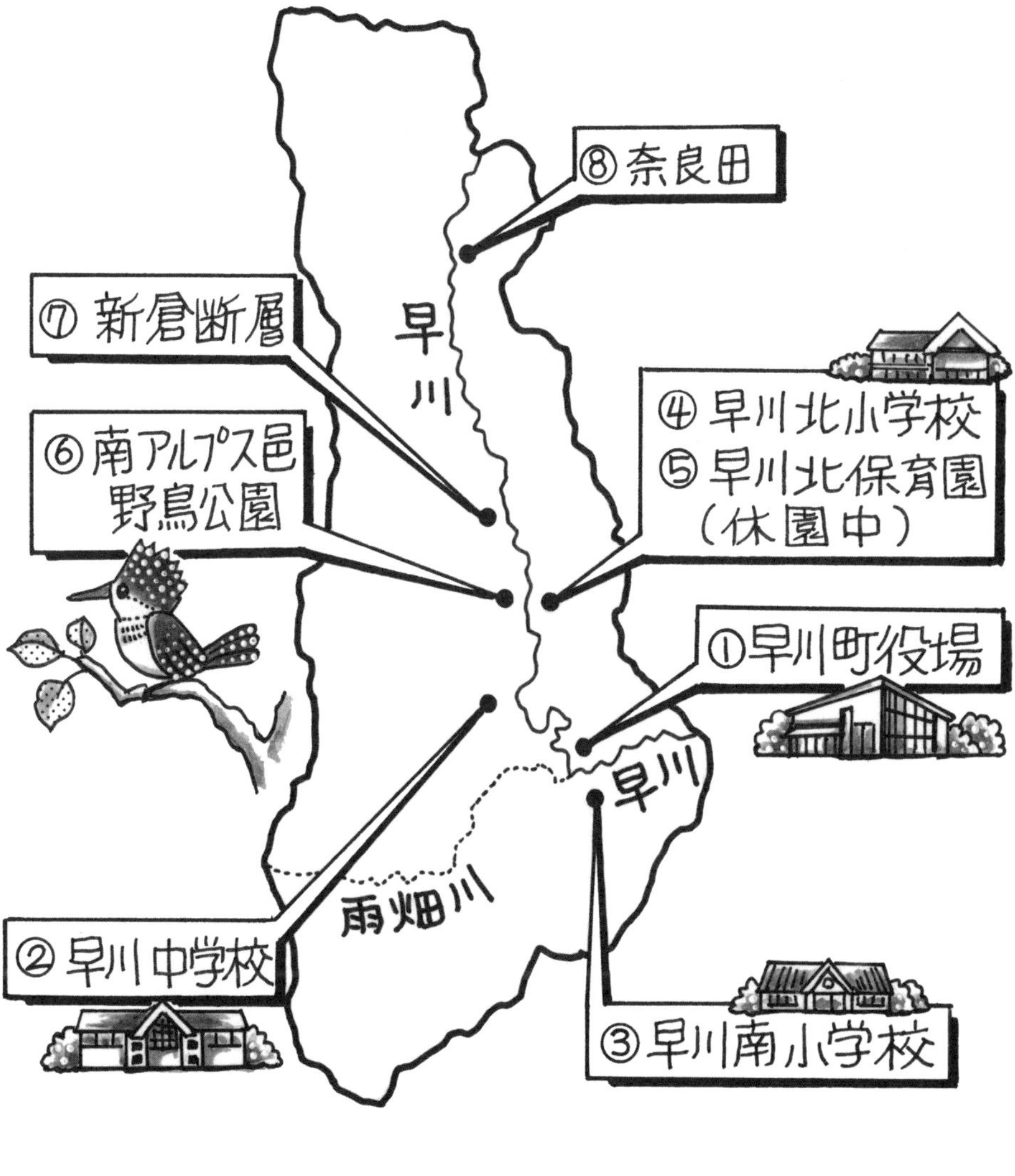
⑧奈良田
⑦新倉断層
早川
④早川北小学校
⑤早川北保育園
（休園中）
⑥南アルプス邑
野鳥公園
①早川町役場
早川
雨畑川
②早川中学校
③早川南小学校

第一章《しょう》　一人でもたのしいよ！

早川北小は、南アルプスのふもとの早川町《はやかわちょう》の北部にある、まわりを山にかこまれた学校です。

二〇一九年四月現在、全校児童は十七名です。

毎日元気に、スクールバスで子どもたちは学校に通います。

山の斜面《しゃめん》を利用した鉄筋《てっきん》コンクリートの校舎《こうしゃ》の二階には、オープンスペースの教室や室内プールがあります。

おなじ校舎の中に、早川町立北保育園《はやかわちょうりつきたほいくえん》（現在は休園中）もあります。

今から十年前の二〇〇九年。

北保育園に通っていたのが、当時五歳《さい》の中根海《なかねかい》くんでした。

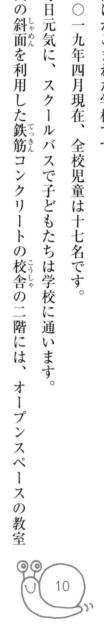

海くんは早川町で生まれ、すぐ近くの集落に、家族で住んでいました。

北保育園の窓《まど》から小学校のようすがよく見えます。

早川北小のみんなが、楽しそうに一輪車や運動会の練習をしているすがたを、海くんはあきずにながめていました。

「ぼくもいつか北小に行くよ」

早川北小は海くんのあこがれだったのです。

海くんのもうひとつの楽しみは、早川北小の校長室に行くことでした。

校長先生が、まっていてくれたからです。おやつを用意してくれる、やさしい校長先生でした。


その早川北小が、将来《しょうらい》なくなるというのです。海くんはびっくりしました。

「お母さん、ほんと？　どうして北小がなくなるの？」

海《かい》くんは、新一年生になって早川北小に行くことを楽しみにしていたのです。

「だって一年生は、海だけなんだよ。勉強するのも一人だよ」

「ぼくがいるじゃないか！」

「お友だちがいたほうがいいでしょ。南小だったら一人じゃないよ」

「ぼくは北小に行くのが夢《ゆめ》だったんだよ！　北小には心の友がいるんだよ！」

「えっ？　心の友？」

お母さんはびっくりしました。

「そうだよ。ぼくの心の友は北小の校長先生だよ。ぼくはどうしても北小に行きたいよ」

海くんは、目からぼろぼろとなみだをこぼして、お母さんにうったえました。

子どもの人数が少なくなり、北保育園が休園になると、海くんは南保育園に通うようになりました。

早川北小の校長先生もかわりました。

でも、海くんの心はかわりません。

「北小に行くんだ」

そのたびに大泣きする海くん。

根負《こんま》けしたお母さんは、海くんを早川北小に入学させることにしたのです。

二〇一一年四月のことでした。この時の新一年生は海くん一人。

全校で十一人の超小規模校《ちょうしょうきぼこう》でした。

入学してから保護者会《ほごしゃかい》に参加すると、少ない子どものことが話題になりました。

「お友だちが少ないですよね」

「今年の『わらべどんぐり祭り』はどうなるんでしょうか？」

「南小といっしょになったほうがいいかもしれないですね」

あまりに少ない人数に、不安を口にする保護者もいました。

早川北小を続けることはむずかしいと、みんながあきらめかけていた時です。

「この学校をなくしてはいけない」

と、しんけんに考える人がいました。

早川北小の当時の教頭先生です。

「北小の子どもたちが演《えん》じる民話劇《みんわげき》は、ほかには見られない取り組みだ。北小がなくなれば、長く続いている『わらべどんぐり祭り』もなくなる」

教頭先生が残したいと考える「わらべどんぐり祭り」とは、どんなお祭りでしょうか？　民話劇はどんな劇でしょうか？

このお祭りは、毎年秋に早川北小で行われる学校行事です。

この日は、朝から学習発表会と運動会をおこない、お昼にはつきたてのおもちゃ山《さん》菜汁《さいじる》をお客さんにふるまいます。学習発表会でおこなわれる民話劇では、集落に伝わる民話を子どもたちが取材をして、台本をつくり演《えん》じます。

こうした地域とのむすびつきがあるというだけでなく、教頭先生は少人数で学ぶことの良さが早川北小には育っていると感じていました。

「北小のすばらしさを知ってもらわなければ……」

教頭先生は必死に、先生や保護者《ほごしゃ》のみなさんにうったえましたが、思ったような反《はん》応《のう》はありませんでした。

教頭先生が学校の存続《そんぞく》に頭をいためていたころ、町も二つの小学校をどうしたらよいか考えていました。

そうした人口減少《げんしょう》・少子化のなやみをもつ町や村の注目をあつめていたのが、山《さん》村留学制度《そんりゅうがくせいど》でした。

山村留学制度は、小学生や中学生が自宅をはなれ、自然豊《ゆた》かな農山村や漁村で生活することです。その間は地元の学校に通い、さまざまな体験をつみます。

早川町《はやかわちょう》が取り組んだのは、親子で移住《いじゅう》してもらうという山村留学制度でした。

早川町《はやかわちょう》では、二〇〇三年から親子での山村留学制度《さんそんりゅうがくせいど》が始まりました。

けれども、海《かい》くんのお母さんの瑞枝《みずえ》さんは、親子での山村留学制度にあまりよい印《いん》象《しょう》を持つことができませんでした。

それは、せっかく早川町に移住《いじゅう》してきても、なじめず出ていってしまう親子を何組も見たからです。

たった一日しか学校に登校しなかった子どももいました。

期待が大きかっただけに、瑞枝さんはがっかりしてしまいました。

そんな瑞枝さんの気持ちを変えたのは、海くんの元気なすがたでした。

「ただいま！」

今日も、海くんは元気に学校から帰ってきました。

「お帰り！　学校はどうだったの？」

「おもしろかった！」

（たった一人で、いやじゃないのかしら？）

瑞枝さんの心配をふきとばす、海くんの笑顔《えがお》です。

早川北小を残すことに、けんめいな教頭先生のすがたにもつき動かされました。

（不満《ふまん》ばかり言っていても、海のためにならない。わたしも北小を残す手伝いをしよう）

と、決心したのです。

「山村留学制度を希望して早川町に来た家族が、どうしてすぐに引《ひ》っ越《こ》してしまうのだろう？」

「そういえば、困《こま》っていることはどんなことか、聞いたことがなかったわ」

あらためて、何もしてこなかった自分を思いかえしました。

移住家族が住む集落には、昔からうけつがれてきた行事や仕事があります。

集落では草刈《くさか》りやごみひろい、水道の管理などをみんなでしなければなりません。

近所とのおつき合いもあります。

「初めて早川町《はやかわちょう》にきて何も知らずに集落に住むと、びっくりするのかもしれない」

「親子で山村留学《さんそんりゅうがく》だから、親がここのくらしを楽しめなければ、子どもも楽しめない」

瑞枝《みずえ》さんはそのことに気づいたのです。

「親同士がうちとけて、なやみを話せる場をつくろう」

瑞枝さんは、いっしょにくらす瑞枝さんのお母さん、マツ子さんに次のことを相談しました。

「みなさんと話せる場をつくるには、夜か休みの日になってしまうけど、家のことはだいじょうぶ?」

マツ子さんはいいました。

「わかったよ。学校や町のためになることなら応援《おうえん》するよ」

海《かい》くんも「いいよ」と、賛成《さんせい》してくれました。

こうして、早川北小に山村留学の家族をささえる「北っ子応援団」が、立ち上がりました。

北っ子応援団の目標は「早川北小の存続《そんぞく》と子どもたちの友だちを増《ふ》やす」ことです。

町や学校、保護者《ほごしゃ》のみなさん、卒業生もまきこんだ応援団でした。

地域《ちいき》の取り組みを応援するように、二〇一二年、早川町は大きな決断《けつだん》をしました。

学校に通うための教材費《きょうざいひ》や校外学習費用を無償化《むしょうか》にし、学校給食費も無料化にすることを決めたのです。

早川町のこの決断は、学校の存続だけでなく、町の将来《しょうらい》を考えた決断でした。

早川北小学校

夜はきれいな星空が観測《かんそく》できます

早川北小では、少ない人数でも学年ごとに授業《じゅぎょう》を行います

第二章 授業《じゅぎょう》はたったの三人？

東京《とうきょう》から、早川町《はやかわちょう》にやってきた家族がいます。

尾澤《おざわ》さんの四人家族です。

お父さんの博孝《ひろたか》さん、お母さんの朋子《ともこ》さん、姉の琴《こと》さん、弟の響《ひびき》くんです。

博孝さんは以前から、自然が豊《ゆた》かな町や村に住みたいと思っていました。

東京はにぎやかでしたが人が多く、いつもせかされているように博孝さんは感じていました。

一方、朋子さんは博孝さんとちがい、東京が好きでした。

そんな朋子さんが移住《いじゅう》を決めた理由の一つは、住む場所を変えて、子育てをしてみようと考えたからでした。

朋子《ともこ》さんには、一つ心配ごとがありました。

それは長女の琴《こと》さんのことでした。

琴さんは二〇〇六年の早生まれです。同じ学年の、二〇〇五年四月以降《いこう》に生まれた子どもたちとは、身体や声の大きさ、活発さもちがっていました。

琴さんは小さいころからじっとすわっていられませんでした。本もオモチャも、すぐにあきてしまいます。

夜中も泣きだしてしまうことがありました。

琴さんは小学校に入学すると、わすれ物をするたびにしかられました。声が小さいため「もう少し大きな声で」と、注意をされることがありました。

そして、自分から手をあげることもなく、人のかげにかくれてしまうようになっていました。

琴さんにとって、小学校が落ち着かない場所になっていたのです。

朋子さんには、移住《いじゅう》を決めたもう一つの理由がありました。

それは二〇一一年三月十一日におきた東日本大震災《だいしんさい》でした。

地震は大津波《おおつなみ》となり、東日本の沿岸部《えんがんぶ》をおそいました。東京《とうきょう》は震度五のゆれでした。

東京も大混乱《だいこんらん》になりました。

「もう、ここにはいられない」

博孝《ひろたか》さんと朋子さんは、東日本大震災をきっかけに、東京をはなれる決心をしたのです。


二〇一二年の夏休みになり、琴さんとお父さんは早川町《はやかわちょう》をたずねてみました。

早川北小の教頭先生が、学校を案内してくれました。

つぎにたずねたのは、十月の「わらべどんぐり祭り」です。

早川北小の子どもたちは、当時十三人でした。
たった十三人が大きな声で歌をうたい、詩を読み上げていました。
そして、二人がびっくりしたのが「民話劇《げき》」です。
一人で二役を演《えん》じている子どもがいます。
子どもたちは長いセリフをじょうずに言って、お客さんをひきこみます。
早川町《はやかわちょう》の方言がでると、おじいちゃん、おばあちゃん、保護者《ほごしゃ》のみなさんは大笑《おおわら》い。
とてももり上がっていました。
琴《こと》さんは、そのようすをじっと見ていました。
博孝《ひろたか》さんも（こんな学校ですごせたらいいなぁ）と、胸《むね》がいっぱいになりました。
早川町を楽しんだ、すばらしい一日でした。
そして二〇一三年の夏に、尾澤《おざわ》さん家族は早川町に移住《いじゅう》することを決めたのです。

二〇一三年九月。今日は早川北小の二学期始業式です。転校してきた琴さんをいれて、全員で十九名になりました。

初めて登校した琴さんに、先生が二階の教室を案内してくれました。

二階はかべがなく、大きなホールのようなところでした。

（二年生の教室はどこなのかな？）

琴さんがキョロキョロしていると、

「教室はここなのよ。ここでみんなといっしょに勉強するのよ」

と、先生がやさしく教えてくれました。

完全にオープンスペースな教室！

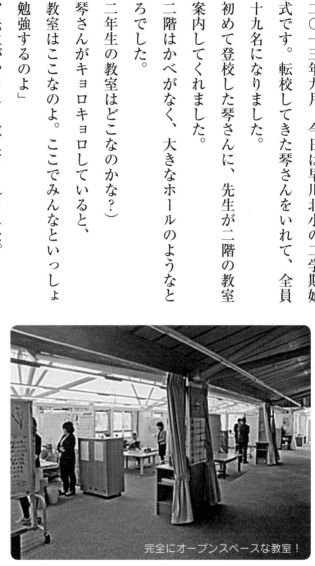

（えっ！　クラスごとの教室がないの！）

琴《こと》さんはびっくりしました。

そういえば数人ずつの子どもたちがかたまって、イスにすわっています。そこには先生もいます。そのまわりに仕切りがあります。学年ごとに仕切りをしただけの大きなホールが、教室だったのです。

先生が案内をしてくれた席の向かいの席に、男の子二人がニコニコしてすわっていました。

（二年生はわたしをいれて、たったの三人！）

そういえば先生がそんなことを言っていたような気がします。

（変わった学校だな）

と、琴さんは思いましたが、前の学校とちがうところは、まだありました。

琴さんは、この学校のみんなが、とてもなかよしなのに気づきました。

給食の時間になりました。給食のじゅんびは一年生から六年生まで全員でやります。

早川北小では「みんなで用意してくださいね。全員でやるんですよ」をくりかえしいわれます。

一年生がこまっていると、五年生、六年生がすぐに助けてくれます。

そしてランチルームで、先生もいっしょにみんなで食べます。

前の学校では、琴さんはじゃまにならないように、教室のすみでじっとしていました。

この学校では、みんなでやることがあたり前のように、子どもたちはきびきびと動いています。

そのようすを見ていた琴さんは、なんだかむずむずしてきました。

（わたしもやってみようかな）

琴《こと》さんは、はじめてそんな気持ちになっていました。


親子での山村留学制度《さんそんりゅうがくせいど》は、早川町《はやかわちょう》の学校の未来にひかりをともしはじめました。

二〇一三年に早川北小の児童は十九名、早川南小は二十九名になりました。

少人数にはかわりませんが、学校を存続《そんぞく》させようという町の方針《ほうしん》は決まりました。

集落に、楽しそうな子どもたちの声がひびきます。

お年寄《としよ》りの多い集落にとって、なによりの笑《わら》い声でした。


その矢先のことでした。

北っ子応援団《おうえんだん》の先頭に立ち、山村留学の家族をささえていた中根瑞枝《なかねみずえ》さんが、重い病気のため入院したのです。

そして二〇一七年十月、瑞枝さんは静かに息をひきとりました。

それはとても悲しい出来事でした。
団長がいなくなった応援団は、重い空気につつまれました。
あまりにも瑞枝さんの存在《そんざい》が大きかったのです。
それは北っ子応援団だけでなく、早川町の人々にとっての試練《しれん》でした。

早川北小学校の一日

早川北小では、人数が少ないことをいかした授業《じゅぎょう》が行われています

先生のお話に、みんな聞き入っています

給食は、みんなでいっしょにいただきます

第三章 泉《いずみ》ホールは音でいっぱい

放課後の早川南小の音楽ホール。子どもたちと先生たちが集まってきました。

プッ　ブー　プップップッ

南向きの明るい校舎《こうしゃ》から、楽器を演奏《えんそう》する音が聞こえてきます。

タッタッカ　タッタッカ　タッタッタッ

ドラムをたたく音も、テンポよく聞こえます。

これが音楽ホールのある小学校、早川南小の放課後の様子です。

早川南小の伝統《でんとう》は、吹奏楽《すいそうがく》活動です。全校みんなで音楽を楽しんでいます。演奏する楽器は金管楽器《きんかんがっき》と打楽器《だがっき》です。

吹奏楽活動のはじまりは一九七一年（昭和《しょうわ》四十六年）からです。

令和《れいわ》三年（二〇二一年）で五十年をむかえます。

二〇一九年の児童数は二十人。超小規模校《ちょうしょうきぼこう》ですが、全校児童と先生たちもいっしょになって吹奏楽《すいそうがく》活動の伝統《でんとう》を守《まも》りぬいています。

木がふんだんに使われた早川南小の校舎《こうしゃ》は、玄関《げんかん》をはいるとすぐにらせん階段《かいだん》が見えます。階段をのぼると、図書室と音楽ホール、教室が続《つづ》いています。

そして、みんなが自慢《じまん》の音楽ホールは、「泉《いずみ》ホール」とよばれています。

早川南小に通う望月陽平《もちづきようへい》くんは六年生になる男の子です。

雨畑《あめはた》地区から、スクールバスに三十分ゆられて学校に通っています。

陽平くんが一年生と二年生のときは、吹奏楽団の前でダンスをおどっていました。

おどりながら、演奏《えんそう》を見ていたので、

「いつかぼくも、楽器をふくんだ」

と、いう気持ちにだんだんなっていました。

三年生になった時です。先生から

「楽器をふいてみようか？」

と、言われました。

「えっ？　もうやるの？」

とつぜん、楽器をふくことになった陽平くんはあせりました。

いつか演奏をすると思っていましたが、それまでの三年生はタンバリンをたたいていたからです。

子どもの数が少なくなってきたので、三年生から楽器をふいてみよう、ということになったらしいのです。

「どれをふけばいいのかなぁ？」

陽平くんは、楽器選《えら》びにしんけんになりました。

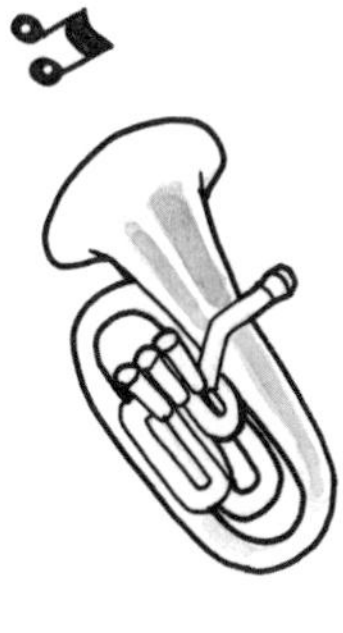

早川南小の金管楽器《きんかんがっき》は五種類です。

子どもがかくれてしまうような大きなチューバは、とても低い音がでます。明るくはなやかな音のトランペット。スライドという長い管《くだ》を動かして、音をかえるトロンボーン。ベルが上を向いていて、やわらかな音のアルトホルン。美しい音色《ねいろ》のユーフォニウムです。

口にあて、息をふきこむ管楽器は、どれも楽器に合ったマウスピースを使います。

陽平《ようへい》くんは、一つひとつの楽器にマウスピースをつけて、口にあててみました。

「あっ！　これだ！」

ピンときたのが、ユーフォニウムでした。

口にぴったりあって、ふきやすかったからです。それから今まで、ユーフォニウムひとすじです。

陽平くんのお父さんは望月一彦《もちづきかずひこ》さんです。一彦さんも早川南小に通いました。

そして、ぐうぜんにも一彦さんもユーフォニウムをふいていました。二年生まではのんびりとしていた陽平くんですが、三年生になったとたん、そうはいかなくなりました。

早川南小の吹奏楽《すいそうがく》活動は、早川南小の三年生以上の児童と先生たちのみんなで行っています。そして県の小学校バンドフェスティバルだけでなく、各地のイベントに出場するなどの歴史《れきし》があります。

早川南小には、音楽の好きな先生が集まってきます。坂野修一《さかのしゅういち》校長先生（当時）は音楽が大好きで、指揮《しき》がじょうずです。勝俣孝光《かつまたたかみつ》教頭先生（当時）は二十年前にも早川南小に勤《つと》めた先生で、楽器の演奏《えんそう》ができます。

早川南小がみなさんの前で演奏する活動は年に三回です。放課後の週三日、子どもたちと先生たちが泉《いずみ》ホールに集まり、いっしょに練習をしています。

五月の新緑の季節。「早川町山菜祭《はやかわちょうさんさい》り」での演奏《えんそう》が一年のはじまりです。

山菜祭りには、県内外から一万人近くの人がやってきます。

早川南小は、山菜祭りのステージで吹奏楽《すいそうがく》を演奏します。

十一月は、ＹＣＣ《ワイシーシー》県民文化ホールでおこなわれる「山梨県《やまなしけん》小学校バンドフェスティバル」に参加します。千人以上の観衆《かんしゅう》の前で演奏をおこないます。

そして二月。泉《いずみ》ホールでの「ありがとうコンサート」で一年のしめくくりの演奏をします。「卒業する六年生ありがとう」「先生ありがとう」「保護者《ほごしゃ》のみなさんありがとう」「地域《ちいき》のみなさんありがとう」の気持ちをこめたコンサートです。

二十三回目の「ありがとうコンサート」は、二〇一九年二月九日でした。

その時、陽平《ようへい》くんは五年生でした。

五年生だけど、四年生の男の子とコンサートの進行をやりました。

六年生をみんなで送る会だからです。

最初は、一年生と二年生がピアニカで「*かえるのがっしょう」を演奏します。そして*音楽劇《げき》「お手紙」をひろうしました。あまりのかわいらしさときれいな歌声に、客席はみんなニコニコの笑顔《えがお》。楽しいコンサートがはじまりました。

三年生から五年生は「*きらきら星」と「*三六五日の紙飛行機」の演奏をします。六年生はコントをまじえながら「*銀河《ぎんが》鉄道９９９」「*栄光の架《か》け橋」を演奏し、「*ひとりじゃない」を合唱《がっしょう》してくれました。会場はおおいにもり上がりました。

こうして、早川南小の吹奏楽活動は、六年生から五年生をはじめとする全校児童に引きつがれたのです。

コンサートは笑顔いっぱいの、あたたかいコンサートになりました。

早川南小の子どもたちは、思い出のつまった泉ホールが大好きです。

この音楽ホールが作られたのは、校舎《こうしゃ》の建《た》てかえが行われた、今から二十年ほど前のことでした。

当時は練習のため、重い楽器を保管《ほかん》場所から練習場所へと運ばなくてはなりませんでした。「ヨイショ、ヨイショ」と、重い楽器を運ぶ子どもたちにとって、寒い冬はつらかったようです。

校舎《こうしゃ》の建《た》てかえがきまった当時の校長は、大倉《おおくら》はるみ先生でした。

それまでの早川南小は北向きの日当たりの悪い校舎でした。

「これで日光があたる、明るい南向きの校舎になるわ。本当によかったわ」

と、大倉先生はよろこびました。

ところが、工事の説明では校舎の改修《かいしゅう》とわかり、新校舎は北向きのままでした。

「これは大変！」

大倉先生は辻《つじ》町長に、新校舎を南向きに変えてくれるようにお願いしました。

辻町長はうでをくんだまま、しばらく考えこんでいました。

「わかった。どうせ建てかえるなら、みなさんによろこんでもらえる校舎にしよう」

そして完成したのが、現在《げんざい》の全面南向きの明るい新校舎です。

新校舎の図書室には五千冊《さつ》もの本がおさめられ、ろうかにも本の展示《てんじ》コーナーや本だながおかれ、子どもたちがいつでも本が楽しめるようになりました。

そして、辻町長は大倉先生と相談をして、早川南小新校舎に音楽ホールをつくることを決めました。設計について、世界的指揮者《しきしゃ》の小泉和裕《こいずみかずひろ》さんにアイデアや意見をいただき、本格的《ほんかくてき》な音楽ホールになりました。

そして「泉《いずみ》ホール」と名付けられました。

二〇一九年四月。みんなは新しい学年に進級《しんきゅう》しました。

うれしい新学期ですが、新六年生の教室がさびしくなってしまいました。クラスの友だちが転校してしまったからです。

めったにへこたれない陽平《ようへい》くんですが、少しがっかりしました。

「でも慎斗《まなと》くんがいる」

望月《もちづき》慎斗くんはいつもニコニコしているやさしい友だちです。

トランペットをふく、バンドマスターです。

「よし二人でがんばろう」

と、心に決めたころ、六年生に元気な女の子が転入してきました。

酒井桃花《さかいももか》さんです。

桃花さんが、選《えら》んだ楽器はアルトホルンでした。桃花さんは、すぐにふけるようになりました。

おどろいたことに、二学期になると六年生の男の子が転入してきました。

河村青空《かわむらそら》くんです。

「青空と書いて『そら』ってよむんだ。キラキラネームみたいだな」

陽平くんはうれしくなりました。槇斗くんもニコニコしています。

転校してきたばかりの青空くんは、トランペットを選びました。

六年生は、十一月の山梨県《やまなしけん》小学校バンドフェスティバルでソロの演奏《えんそう》があります。

青空くんは練習に必死です。ときどき「プップップッー」と、トランペットの音を自由に出して楽しそうです。


今年の山梨県小学校バンドフェスティバルの日が近づいてきます。

今日の放課後の練習も、全校児童と先生たちの熱い思いが、泉《いずみ》ホールいっぱいにあふれていました。

＊かえるのがっしょう　作詞・作曲　不明　ドイツ民謡
＊音楽劇「お手紙」　台本・歌詞　濱口豊　作曲　佐々木一夫
＊きらきら星　作詞　武鹿悦子　フランス民謡
＊三六五日の紙飛行機　作詞　秋元康　作曲　角野寿和・青葉紘季
＊銀河鉄道９９９（スリーナイン）　作詞　奈良橋陽子（英語詞）　山川啓介（日本語詞）、作曲　タケカワユキヒデ
＊栄光の架け橋　作詞・作曲　北川悠仁
＊ひとりじゃない　作詞・作曲　池森秀一　作曲　織田哲郎

早川南小学校　力を入れる吹奏楽《すいそうがく》活動

早川南小では、少ない人数でも学年ごとに授業《じゅぎょう》を行います

早川南小には、音楽ホールの「泉《いずみ》ホール」があります

放課後に、先生といっしょに吹奏楽の練習を行います

1，2年生のダンスもいれた全体練習です

第四章 昆虫《こんちゅう》にあいたいな

早川南小が山梨県《やまなしけん》小学校バンドフェスティバルに向けて練習をしているころ、早川北小では「ＢＥＡＮＳ」（ビーンズ・自然科学者になろう）がはじまります。

市川準之介《いちかわじゅんのすけ》くんと晃太郎《こうたろう》くんは二〇一八年四月に、早川北小に転入しました。昆虫が大好きなふたごの兄弟です。東京《とうきょう》にいたころ、お母さんのあおいさんは

「こんなに虫が好きなら、自然の中で生活をさせてあげたい」

と、考えていました。

お父さんの仕事は東京です。そこで東京に近いところで山村留学《さんそんりゅうがく》できる町や村をさがしてみました。

「虫がたくさんいる山の学校に行ってみる？」

あおいさんが、準之助《じゅんのすけ》くんと晃太郎《こうたろう》くんに相談すると「さんせい！」「ぼくも！」と、二人は大よろこび。

一人で残るお父さんのことを考えて、山梨県早川町《やまなしけんはやかわちょう》の「親子で山村留学《さんそんりゅうがく》」を選《えら》びました。

自然が楽しめて、昆虫《こんちゅう》さがしのできる学校はあるでしょうか？

そして選んだのが、早川北小でした。

準之助くんは「野鳥公園でＢＥＡＮＳ（ビーンズ）をやってみたい」と思い、早川北小を選びました。晃太郎くんの決め手は、友だちとの出会いです。

早川町を訪れたとき、いっしょにおそばを食べた男の子がいました。虫はもちろんですが、好きな遊びも似《に》ていたことから、とても気が合いました。

準之助くんが興味《きょうみ》をもった「ＢＥＡＮＳ」（以下ビーンズ）とは、いったいなんでしょうか？

ビーンズは総合的《そうごうてき》な学習の時間で行われる、自然観察の授業《じゅぎょう》です。ビーンズは「自然科学者になろう」という意味です。

早川北小の子どもたちがビーンズの活動を行うのは「町営南《ちょうえいみなみ》アルプス邑《むら》　野鳥公《やちょうこう》園《えん》」です。野鳥公園は長いつり橋をわたったさきにある、自然を生かした公園です。

このつり橋の名前は「やませみ橋」。ヤマセミは町の鳥です。

早川北小では、この野鳥公園で自然観察活動に取り組んでいるのです。

ビーンズでは、一学期のはじめに子どもたち一人ひとりが、自分の知りたいことを見つけだします。

「町でシカやテンを見ました。野鳥公園にはどんな動物がいるのか、どこにいるのかを知りたくなりました」

「季節によってクルミの木が、どんなふうにかわるか知りたいです。クルミの木が、野鳥公園のどのあたりにあるかも知りたいです」

知りたいことを見つけたら、どうやって調べたらよいかを考えます。子どもたちが困《こま》った時に「こうしたらいいよ」と、アドバイスしてくれるのが野鳥公園のネイチャーガイドです。

準之助《じゅんのすけ》くんと晃太郎《こうたろう》くんは三年生の時、「昆虫《こんちゅう》カレンダー」を作ることにしました。毎月、見つけた昆虫をカレンダーに書きこみ、季節や場所によってやってくる昆虫のちがいを調べるのです。

準之助くんは野原で、晃太郎くんは森林で虫を見つけることにしました。調べる期間は二〇一八年六月二十五日から十二月十四日までです。

準之助くんはこの期間に、十一種類の昆虫を見つけました。そして夏には飛ぶ虫が増《ふ》えたこと、冬には小さな虫や平たい虫が増えたことを発見しました。

晃太郎くんは十二種類の虫を見つけました。見つけた場所に一番長くいたのは、サクラアリとザトウムシでした。その理由を、ミミズやキノコ、昆虫の死がいが長い間あったからと考えました。

三学期になると「ビーンズ発表会」があります。
パワーポイントやタブレットを使い、地図やセンサーカメラでとった写真をもちいて、保護者《ほごしゃ》や地域《ちいき》のみなさんの前でそれぞれが調べたことを発表します。

二人は昆虫カレンダーを作りました。昆虫カレンダーを作った理由を、①昆虫が好きだから②昆虫がいっぱいいるところに行きたかったから③カレンダーにして公園にいる虫を知りたかったから、と発表をしました。

二〇一九年、準之助くんは「虫のかくれ家《が》」を、晃太郎くんは「トンボのなわばり」をテーマにしました。

二人は夏休みの間も、町の生き物を調べつづけました。

準之助《じゅんのすけ》くんは「バナナトラップ」にくる昆虫《こんちゅう》を調べました。バナナをすりつぶし、ふくろにいれてコナラの木にかけると、アリやハエ、ハチやカブトムシ、夜にはガがやってきました。

この研究は、峡南《きょうなん》地区理科自由研究発表会で地区入選になりました。

晃太郎《こうたろう》くんは、田んぼや池に入り、微生物《びせいぶつ》を調べました。けんび鏡をつかいケンミジンコを見ることができました。

けれども、二〇二〇年二月のビーンズ発表会には二人のすがたはありませんでした。

「一年間の山村留学《さんそんりゅうがく》の予定でした」

予定の一年からもう、半年がすぎていました。東京《とうきょう》へ帰る日が近づいています。

早川町《はやかわちょう》での二人の成長を見守《みまも》ってきたあおいさん。

あおいさんは早川町に来てよかったと思ってます。

「四年生になって、二人はバスケットボールに夢中《むちゅう》になりました。教育委員会が中学校の体育館を無料でかしてくれたんです。教育委員会や学校のみなさんは、本当に子どもたちにやさしくしてくれました」

市川さん家族はたくさんの思い出を心にしまい、二〇一九年冬に東京に帰りました。

市川さん家族をつつんだ早川の大きな自然。

二人は、早川町で小さな自然科学者になりきって、山村留学を終えたのです。

そして、町はでっかい心で準之助くんと晃太郎くんをつつみこみました。

早川北小 BEANS《ビーンズ》活動

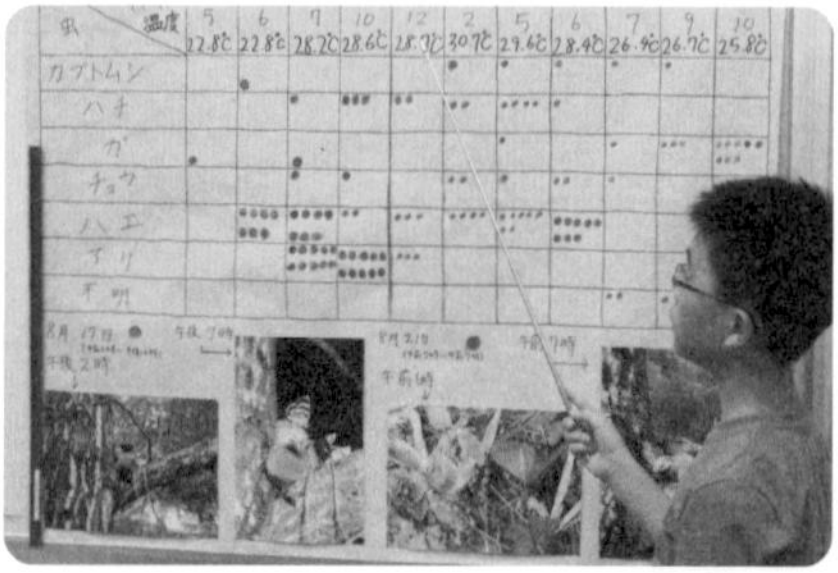

ビーンズ発表会で調べたことを発表します

ビーンズは、総合的《そうごうてき》な学習の時間で
行われる自然観察の授業《じゅぎょう》です

夢中《むちゅう》になって観察を
しました

第五章　国の天然記念物があったよ！

早川町《はやかわちょう》は海だった!?

まわりを高い山々にかこまれた早川町ですが、町の中心を流れる早川の支流では、「日本列島のわれ目」を見ることができます。

「日本列島のわれ目」とは「新倉断層《あらくらだんそう》」のことです。

断層は大きな力がはたらいたため、地面の下にできた土地のずれです。

新倉断層は、新潟県糸魚川市《にいがたけんいといがわし》から静岡県静岡市《しずおかけんしずおかし》まで続く大断層の一部です。この大断層は直線きょりで二百五十キロメートル、日本列島を横切るように続いています（糸魚川―静岡構造線）。新倉断層露頭《ろとう》は国指定の天然記念物です。

六年生の理科の授業《じゅぎょう》では、地形はどうしてつくられるのかを学びます。

早川町《はやかわちょう》は三千メートル以上の高い山が三つもある町です。

平地は少なく、家は山の形をうまく使い建《た》てられています。

山と山の間を川が流れ、谷間をつくっています。

長い時間をかけて、早川町の地形はつくられたのです。


二〇一八年十月十六日。

早川南小と早川北小は、六年生合同の理科授業で地層《ちそう》の学習をしました。

自分たちが住んでいる土地のつくりを知るためです。

両校の先生と六年生がバスに乗り合わせて、早川橋《はやかわばし》近くの河原《かわら》に向かいました。六年生のみんなは、バスで行く理科の授業に遠足気分です。

この日、地質《ちしつ》や地層の説明してくれるのは一瀬純司《いちのせじゅんじ》先生です。

はじめにやって来たのは、早川橋近くの河原です。六年生たちにも見なれた場所です。ここは海抜《かいばつ》二百二十メートルから二百三十メートルです。

河原でたしかめることは、ここが「海の底《そこ》だった」ということです。

高い山にかこまれたこの地域《ちいき》が「海」だったなんて、だれが想像《そうぞう》できるでしょうか？

どうやってたしかめるのでしょうか？

河原をおりると、大きな岩や石がごろごろしていました。

表面がつるつるした石や、ごつごつした石、砂《すな》が集まったような石まで、ひとつとして同じ石はありません。色もいろいろです。

「ほら！　これだ。貝の化石だ！」

先生の声がしました。

「ええっ！」

みんないっせいに集まります。黒っぽいごつごつした、大きな岩です。

「これだよ。白っぽいの！」

見つけました。先生の手のさきに、白い小さな貝がうまっています。

「すごいっ！　貝だ！」

「山の中なのに、たくさん貝の化石があるよ！」

「ここにもあるよ」

みんなは持ってきた記録用紙に、熱心に書きこみはじめました。

ふしぎなことです。海だったころの貝がらが、今もこうして残っているのです。

貝の化石さがしは場所を移《うつ》して続けられます。

つぎは、県自然記念物になっている小原島《おばらしま》の貝化石（身延町《みのぶちょう》）に向かいました。

小原島の貝の化石は、黒くごつごつしたがけにありました。

このがけには、上から下まで貝の化石がちりばめられたようにうめこまれています。

かぞえきれないくらいの貝の化石がありました。

えんぴつの先のようにとがった貝の化石や二枚貝《にまいがい》のような化石も見つけました。

山にかこまれた早川町《はやかわちょう》に、海だったたこん跡《せき》はちゃんとありました。

みんなは夢中《むちゅう》になって、顔をくっつけるようにして、がけの中の化石を一つひとつたしかめていました。

日本列島のわれ目を見つけた

早川北小と早川南小の六年生が、バスでつぎに向かったのは新倉断層《あらくらだんそう》の露頭《ろとう》（早川町新倉）です。

露頭というのは、がけくずれなどで地面の中の地層《ちそう》が見えるようになった部分のことです。

新倉断層《あらくらだんそう》の露頭《ろとう》とは、どのようになっているのでしょうか？

新倉につくと、一瀬《いちのせ》先生を先頭にぞろぞろと歩きはじめました。先生は川に向っておりていきました。

先生の目の前には、山のがけがひろがっています。

斜面《しゃめん》には、大きなわれ目がありました。山のずっと上の方から川の中まで続くわれ目です。

先生はわれ目をさして

「これが新倉断層の露頭です」

と、言いました。

子どもたちは、断層がよくわからない様子でした。

みんなは目を見開き、がけをじっとみつめ、たしかめるように頭を上下左右に動かしています。そして先生の説明を聞き入っています。

しばらくすると、ふしぎなことにわれ目をさかいにして、となりあった地層の色のちがいが見えてきました。地層のちがいを見つけた子どもたちの表情《ひょうじょう》が、おどろきの表情にかわっていきました。

東側が、緑色凝灰岩《りょくしょくぎょうかいがん》をふくんだ緑がかった新しい地層です。約《やく》千七百万年前にできました。

西側に、のりあげるように重なっている粘板岩《ねんばんがん》をふくんだ地層は、約二千五百万年前にできました。

この二つの地層のずれが、斜面にあらわれていました。

新倉断層の露頭は、子どもたちに「日本列島のわれ目」を実感させる貴重《きちょう》な場所になりました。

それは子どもたちにとって、自分たちの町の自然のすごさと地球の大きさを感じたしゅんかんでした。

帰りのバスの中で、先生が聞きました。

「外を見てくださーい。河原《かわら》に見える緑色の石がありますね。あの石があるのはどちら側？」

みんな元気に答えます。

「ひーがーしーがーわー」

くねくねしたアルプス街道《かいどう》をバスは走ります。

「こんどは黒っぽい岩がみえますね。あの岩はわかりますか？」

「ねーんーばーんーがーん！」

今回の六年生合同の理科授業《じゅぎょう》の目的は、自然観察から土地や町のつくりを知ることでした。合同授業から子どもたちは早川町《はやかわちょう》の自然のすごさを学び、早川町を知る機会になりました。

今回の授業について、帰りのバスで子どもたちはこんな感想をのべました。

「川だと思っていたところが、海だったと知ってびっくりしました」
「はじめて町のすごい断層《だんそう》をみました」
「断層が、新潟県《にいがたけん》から静岡県《しずおかけん》まで続いていると聞いて、感動しました」
「山登りが好きなので、地質《ちしつ》や地形のことをもっと勉強したいです」

コンビニもなく、電車も走っていないけれど、日本列島のわれ目を見ることができる早川町。

人口が日本一少ないけれど、ここにしかない自然がある町。

バスにゆられながら子どもたちは、自分たちの町をとてもほこらしい気持ちになっていました。

新《あら》倉《くら》断《だん》層《そう》

新倉断層は山《やま》梨《なし》県《けん》早《はや》川《かわ》町《まち》新倉の内《うち》河《こう》内《ち》川《がわ》左岸に露《ろ》出《しゅつ》しています

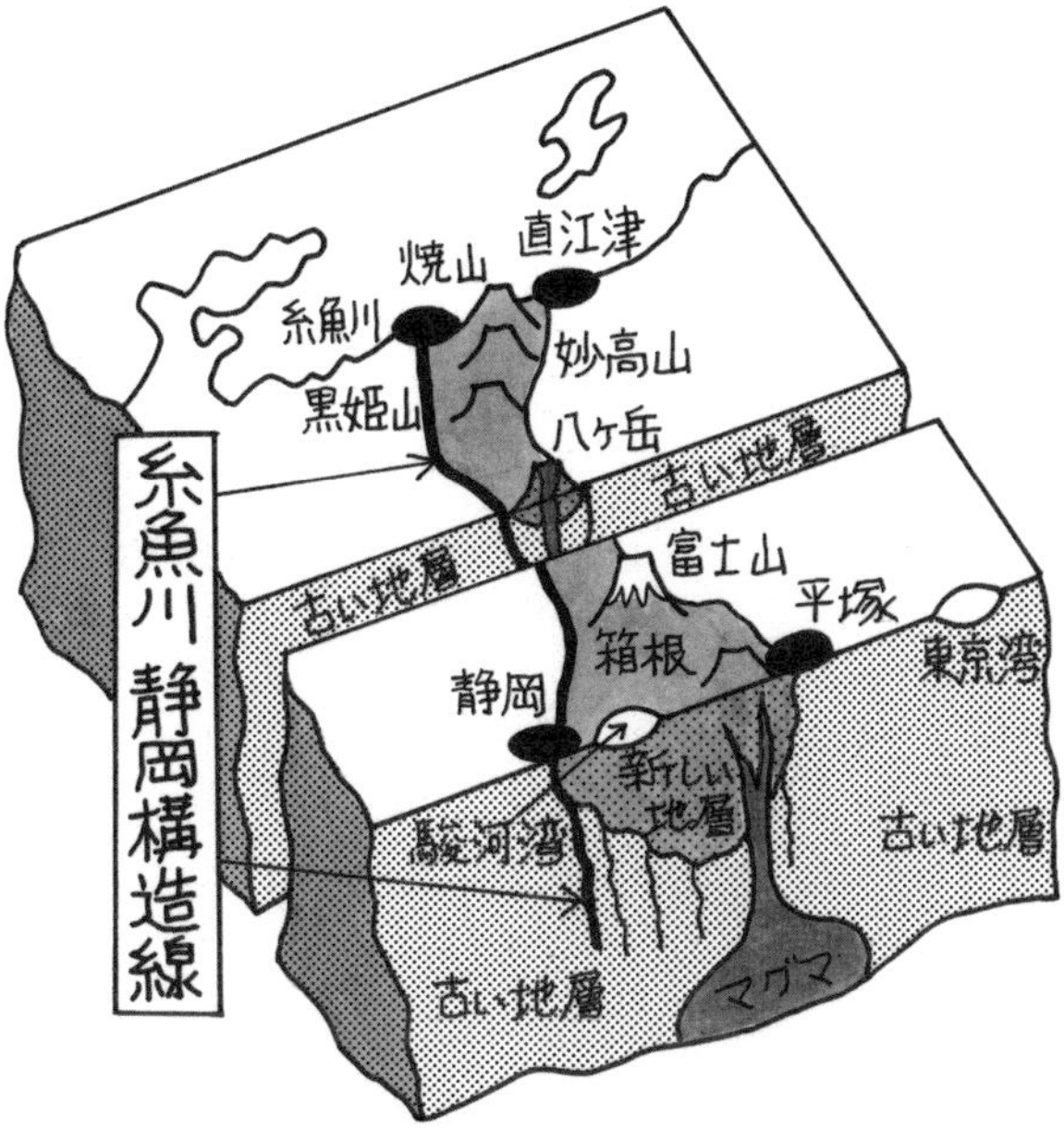

新倉断層の西側《にしがわ》は黒色粘板岩《こくしょくねんばんがん》、東側は凝灰岩類《ぎょうかいがんるい》などの層が乗り上げています

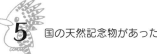

6年生 地《ち》層《そう》観察会

6年生の合同理科授業《じゅぎょう》で
地層観察を行いました

早川南小と早川北小の六年生の合同理科授業です

早川の河原《かわら》では、貝の化石が観察できます

早川町《はやかわちょう》を流れる早川。ここは昔、海底《かいてい》でした

新倉断層《あらくらだんそう》の露頭《ろとう》では、日本列島のわれ目が観察できます

第六章　あこがれの大ホールで演奏《えんそう》だ

秋晴れの二〇一九年十一月二日。

第三十三回山梨県《やまなしけん》小学校バンドフェスティバルが、甲府市《こうふし》のＹＣＣ《ワイシーシー》県民文化ホール大ホール（収容《しゅうよう》人数・約二千人）でひらかれました。

山梨県内の演奏が大好きな小学生が、ＹＣＣ県民文化ホールに集まってきます。参加校は十校。約四百人の小学生が演奏をします。

今年もこのバンドフェスティバルに、早川南小の三年生以上の子どもたちと先生たちがいっしょに参加し、演奏をおこないます。

朝早くから県民文化ホールの北口広場では、坂野《さかの》校長先生や勝俣《かつまた》教頭先生がそわそわと、早川南小のみんなを待っています。

広場は、県内各地の子どもたち、先生、保護者《ほごしゃ》のみなさんであふれてきます。みんなの楽器を運んできた車から、楽器がつぎつぎにおろされます。

すると、早川町の子どもたちを乗せたバスがやってきました。

おりてきたのは、ブルーのブレザーコートに身をつつんだ早川南小の子どもたち十八人です。おそろいのブルーの制服《せいふく》が、みんなの表情《ひょうじょう》をきりっと見せます。

ステージでダンスをおどってくれる一年生と二年生の五人もいっしょです。

会場の入り口が、子どもたちの活気であふれてきました。

早川南小が演奏《えんそう》する曲は「*どんなときも。」と「*マリーゴールド」です。毎週三回、放課後に子どもたちと先生たちが一生けんめい練習をしてきた曲です。

「どんなときも。」は、くじけそうになった時、勇気《ゆうき》がでてくるようなアップテンポな曲です。「マリーゴールド」は、公園や庭先、畑でよくみかけるオレンジ色や黄色のあざやかな花です。一つひとつの花は小さいのですが、土に植えるとどんどん仲間を増《ふ》やします。

まるで早川南小の子どもたちのようです。

今日の演奏のテーマは「心を一つにとどけ！　早川サウンド」です。

早川南小の子どもたちと先生が、列をつくりステージのそでで順番を待っています。

演奏本番を前に、みんなの緊張《きんちょう》も高まっています。

前の小学校の演奏が終わりました。

さぁ！　いよいよ出番です！

司会者の紹介《しょうかい》が終わり、みんなは観客がみつめるステージに出ました。

イスにすわると、観客席が見えました。

（うわ！　お客さんがたくさんいる！）

（みんなの目がこっちを見てる！）

ドキドキと自分の心臓《しんぞう》の音が聞こえるようです。

するとだんだん、人の顔がはっきりと見えてきました。

一曲目の「どんなときも。」を指揮《しき》する先生が、ステージの中央にやってきました。

みんなの目が先生を見つめます。先生の目は、（心をひとつにしようね）と、いっているようです。

早川サウンドのはじまりです。

「どんなときも。」のリズミカルな演奏《えんそう》がはじまりました。

一年生の時から、このステージに立っている六年生の陽平《ようへい》くん。

陽平くんは何度も練習をし、もうなれっこだと思っていましたが、今日はちがっていました。

「ステージのそでからステージに出たとき、いっしゅん頭の中が真っ白になった」と感じました。今までにない経験《けいけん》でした。

それは演奏をわすれてしまったのではなく、よけいなことは考えないで集中する気持ちが、そうさせたかもしれません。

三年生からずっとトランペットをふいてきた六年生の愼斗《まなと》くんは、みんなの演奏の音を聞きながら、バンドマスターとしてのよろこびを感じてました。

「みんなの演奏が、ひとつになっている。うれしい！」

五月に転校してきた六年生の桃花《ももか》さんには、すごいことがありました。

「練習では、ほかの人の音が聞こえなかったけど、本番ではみんな聞こえたよ！」

アルトホルンをふきながら、みんなの演奏を聞くことができたのです。

秋からトランペットをふきはじめたばかりの六年生の青空《そら》くんは

「音が、きれっきれだ」

と、するどく感じとりました。

坂野《さかの》校長先生は、練習を始めて二年目のトランペットをふいています。

（いいぞ！　その調子だ！　みんながんばれ！）

心の中で、子どもたちによびかけました。

二曲目の演奏《えんそう》は「マリーゴールド」です。

そして、両手に黄色とオレンジの、まるい形のポンポンを手につけた、一年生と二年生の五人がステージに登場しました。

五人にとって、小学校バンドフェスティバルはあこがれのステージです。

いつか自分たちも楽器を選《えら》んで、このステージで演奏するのです。

大きなチューバをふいてみたいと、今から決めている子もいます。音楽が大好きという子もいます。

今日は、おそろいの麦《むぎ》わらぼうしをかぶり、南小のために、いっしょうけんめいダンスをおどります。

「かわいいー」

「マリーゴールドみたいね」

子どもたちのかわいさに、おもわず客席から声がもれました。

みんなの気持ちをつつみこむように、大きくうでを動かした先生の指揮《しき》がはじまりました。

いつも教室に流れていた「マリーゴールド」。パートにわかれたり、全体で演奏したりを何度も練習をくりかえしてきました。

早川南小は子どもたちだけでなく、先生たちも夏休みから毎日休まずに練習をしてきました。

朝早くに学校へ来て、子どもたちが登校する前に、自分の楽器をケースから取り出して練習をする先生。子どもたちが下校した後、つぎの日の授業《じゅぎょう》の準備を終えてからホールに向かう先生。楽器を家に持ち帰り、こつこつと練習をする先生。

「子どもたちの足をひっぱってはいけない。音をはずさないようにするには、くりかえし練習をするしかない」

先生たちも必死《ひっし》でした。

心を一つに、子どもたちと先生たちがささえあい、がんばってきたことが大輪《たいりん》の花になって、ステージの上にさいています。

子どもたちは、一つの演奏《えんそう》を終えるごとに、ひとまわりもふたまわりも成長しているようでした。


演奏の後半は、六年生四人それぞれの演奏です。六年生四人が楽器を手にして、しんけんな表情《ひょうじょう》でステージの前に出てきました。

はじめにソロの演奏をした陽平《ようへい》くんのユーフォニウムは、太くなめらかな、心地《ここち》よい音色《ねいろ》でした。桃花《ももか》さんは、リズムをとりながら、軽快《けいかい》にアルトホルンをふきました。慎斗《まなと》くんと青空《そら》くんは、二人でテンポ良く、トランペットのかけあいをしていました。息がぴったりあって、とても楽しそうです。

六年生四人のソロ演奏は、あっという間に終わってしまいました。みんなのとても満足そうな笑顔《えがお》がステージ上であふれました。これで、早川南小の演奏は終わりました。会場からは、あたたかい大きな拍手《はくしゅ》がおこりました。

「ありがとうございました」

会場に向かって、全員で感謝《かんしゃ》の言葉を伝えました。

最後の小学校バンドフェスティバルを終えた六年生は、早川南小のみんなにこんな言葉を残しました。

「わたしたちは来年はもういないけど、吹奏楽《すいそうがく》をずっと続けてください」

「これから五十年、百年と、早川南小の音楽の伝統《でんとう》を守《まも》り続けてください」

こうして早川南小の吹奏楽《すいそうがく》は、次の一年、また一年と引きつがれていきます。

永遠の早川南小サウンドをめざして、今日も早川南小の泉《いずみ》ホールからは、次のステージに向けて練習する音が聞こえてきます。

＊「どんなときも。」　作詞・作曲　槇原敬之

＊「マリーゴールド」　作詞・作曲：あいみょん

早川南小 バンドフェスティバル

山梨県《やまなしけん》小学校
バンドフェスティバルで演奏《えんそう》しました

本番前。楽器や音の調整に熱が入ります

観客席では、他の小学校の演奏に聞きいりました

第七章　すごいぞ！　民話劇《みんわげき》

全校児童二十名で演《えん》じる民話劇

毎年、一学期のはじめになると、早川北小の先生たちが頭をひねるのは「わらべどんぐり祭り」で行われる民話劇のことです。

全校児童で演じる民話劇の台本を決めなければならないからです。

劇の台本は、早川町の集落にある民話をもとに、毎年新しく作ります。

全校児童二十名が、上演時間三十分を演じます。

「こわいものや、むごたらしいものはやめておきましょうね」

「全員が、かつやくできるといいですね」

子どもたち一人ひとりを思いうかべながら、先生たちは民話を選《えら》びます。

二〇一九年は、奈良田《ならだ》の集落につたわる民話「そま衆《しゅう》の休日」に決まりました。

奈良田は早川北小より、ずっと山の上にあります。

この集落から、四人の子どもたちがスクールバスで早川北小へ通っています。


民話の題名「そま衆」って、いったいなんでしょうか？

奈良田は平地がなく、一九五五年（昭和《しょうわ》三十年）ころまで、集落に住む人たちは山の斜面《しゃめん》を焼いてソバやアワ、ヒエを育てました。これを焼き畑農業といいます。

もうひとつの仕事は、山の木を切ることです。

そま衆は、木を切る仕事をしていた人たちのことをいいます。

民話が決まると、子どもたちの取材がはじまります。

奈良田に住むおじいちゃんやおばあちゃんに、そま衆のことをくわしく聞きます。

「そま衆《しゅう》ってなんですか？」

「どんなごはんを食べていましたか？」

「子どもたちはどんな遊びをしましたか？」

「どんな服を着ていましたか？」

「家族は何人くらいでしたか？」

子どもたちの熱心な質問《しつもん》に、奈良田《ならだ》の人たちがていねいに答えてくれます。

取材が終わると、こんどは民話劇《みんわげき》の台本作りです。

たった一人の六年生の望月源一朗《もちづきげんいちろう》くんは、まとめ役としてがんばっています。

民話劇の題名は「そま衆の休日」に、なりました。

台本はいくつかのグループにわかれて、場面ごとにセリフを作ります。

台本が完成すると、一年生から六年生の全校児童全員の配役発表があります。

今年の民話劇は、「三味線《しゃみせん》を弾《ひ》く」「奈良田追分《おいわけ》を踊《おど》る」「奈良田追分を唄《うた》う」など奈良田民謡《みんよう》の見せ場があります。

セリフや演技《えんぎ》の練習以外にも、奈良田の方言《ほうげん》や踊りをおぼえなければいけません。

三味線は五年生の女の子二人が弾きます。二人は奈良田の人たちから三味線をおそわっています。

踊りは奈良田に住む子どもたちが、休み時間にみんなに教えました。

早川北小の子どもたちが「わらべどんぐり祭り」に向けて、もう一つがんばっているのは一輪車です。

わざをまちがえないようにする。アイドリングができるようにする。みんなとあわせられるようにする。

ワンチーム、ワンハートで早川北小の子どもたちは「わらべどんぐり祭り」に向かってすすみます。

二学期が始まると、子どもたちと先生たち、それに保護者《ほごしゃ》のみなさんは大いそがしです。

民話劇《みんわげき》のステージや小道具作り、衣しょうも用意しなければなりません。

二〇一九年十月十二日の、「わらべどんぐり祭り」本番はもうすぐです。

ところが……。

台風で道路がなくなった

十月十二日、大型《おおがた》で強い台風十九号が静岡県《しずおかけん》の伊豆半島《いずはんとう》に上陸しました。

台風十九号は、山梨県《やまなしけん》にも、そして早川町《はやかわちょう》にも大きな被害《ひがい》をもたらしました。

十月十二日に「わらべどんぐり祭り」を予定していた早川北小は、台風の大雨により早川町内の道路が通れなくなったため、十月十四日に延期《えんき》を決めました。

翌《よく》十三日は、台風一過《いっか》の青い空がひろがっていました。

ところが早川北小のフェイスブックには、次の内容《ないよう》がつげられていました。


十四日に実施《じっし》予定だった「わらべどんぐり祭り」を、町の道路の状況《じょうきょう》により中止にいたします

延期ではなく中止のお知らせでした。

台風十九号のために、奈良田《ならだ》に通じる道路が二十メートルにわたりくずれて、人も車も通れなくなってしまったのです。

このため奈良田の住民三十三人が、どこにも行けなくなってしまいました。

奈良田には早川北小に通う子どもたちが四人、早川中へ通う生徒も一人いました。

道路がくずれたことを知ると、早川北小の深澤順美《ふかざわよしみ》校長先生（当時）と小林初音《こばやしはつね》教頭先生は対応におわれました。

深澤《ふかざわ》校長先生は
「子どもたちの安全が第一だ。無事に子どもたちが学校に通えるようにしよう」

と、考えました。そして、

「一日も早く、子どもたちの元気なすがたを見たい」

と、思いました。

道路の復旧《ふっきゅう》はむずかしく、時間がかかることがわかってきました。

数日後、山側に人が歩ける道の、う回路がつくられました。

子どもたちは、奈良田《ならだ》の集落から車でう回路まで行きます。そこから、う回路を歩いていくと、スクールバスが待っていてくれました。

こうして奈良田の子どもたちは、元気なすがたを早川北小の先生たちに見せることができたのです。

早川北小の子どもたち二十人全員が、やっと顔を合わせることができたのは台風がすぎてから五日目のことでした。

わらべどんぐり祭りをやりたい！

子どもたちは「わらべどんぐり祭り」が中止になってから、なんとなく元気がなく、ぼんやりしたようすでした。

そんな中でも授業は進めていかなければなりません。しばらくは「わらべどんぐり祭り」の練習をすることなくすごしました。

中止をきめたわらべどんぐり祭りでしたが、深澤校長先生はずっと考えていたことがありました。

ある日の全校集会でのことです。

深澤校長先生は、子どもたちを見つめて、思い切ったように言いました。

「台風のために『わらべどんぐり祭り』は中止となってしまいました。しかし、みなさんの気持ちを知りたいです。みなさんは『わらべどんぐり祭り』をやりたいですか?」

すると子どもたち全員がまようことなく

「やりたいです!」

と、手をあげたのです。

その時のようすを、小林《こばやし》教頭先生はわすれることができません。

みんなの表情《ひょうじょう》が、きらきらとかがやいたのです。

先生たちも、

「よし! がんばろう」

と、何度もうなずいてくれました。

子どもたちの「みんなに見てもらいたい」という気持ちがわかった先生たちは、ふたたび「わらべどんぐり祭り」に向けて、じゅんびをはじめました。

しばらくぶりの「わらべどんぐり祭り」の練習でしたが、おどろいたことに、子どもたちは民話劇《みんわげき》のセリフや踊《おど》り、三味線《しゃみせん》、北小体操《たいそう》、一輪車について、以前と同じように行うことができたのです。

子どもたちのそのようすに先生たちはおどろき、感心しました。

「子どもって、すごいなあ！」

と、先生たちはあらためて、早川北小の子どもたちのすばらしさを感じました。

どうすれば「わらべどんぐり祭り」ができるか。先生たちと保護者《ほごしゃ》のみなさんで何度も話し合いをしました。

そして十月二十五日に早川北小は、「わらべどんぐり祭り」の開催《かいさい》の案内《あんない》を出しました。

「朝、校長先生からうれしいお話がありました。中止にしていた『わらべどんぐり祭り』の開催日が決まりました。十一月八日・午前九時から十一時二十五分までです。

子どもたち全員が『心を合わせて　やりとげよう（ワンチーム・ワンハート）』がんばります。応援《おうえん》してください」

と、書かれてありました。

十一月八日は、秋晴れの天気になりました。

早川北小に巡回《じゅんかい》バスが着くと、たくさんの人たちがぞろぞろとおりてきました。お客さんが来てくれるか不安だった早川北小のみんなは、このようすを見て気合いがはいりました。

「おーい　はじまるぞ」

民話劇《みんわげき》「そま衆《しゅう》の休日」は、望月源一朗《もちづきげんいちろう》くんのセリフからはじまります。「そま衆の休日」は、山にすむ神さまと村人と木こりのそま衆のお話です。

源一朗くんが演《えん》じるのは「たつ」という名前のそま衆です。

幕《まく》があがると、舞台《ぶたい》には美しい緑の山々と、小さな小屋がありました。その小屋の前では、子どもたちが遊んだり、村人が三味線《しゃみせん》を弾《ひ》いていました。

「そま衆の休日」は、こんなお話です。

男と女の、山の神様が、山の大神《おおがみ》様のゆるしをえて、結婚《けっこん》をすることになりました。結婚の日は十七日と決まりました。

その前日、お祝いのごちそうが山の中につぎつぎと運ばれてきました。たつは、山の中のごちそうをみつけ、がまんができずに食べてしまいました。それを知った大神様は、かみなりを落として、たつをこらしめました。たつは死にかけますが、村人に助けられ生きかえりました。

それから十七の日は、村人たちは山にはいらず、神様たちにおそなえをするようになったというお話です。

民話劇では、奈良田《ならだ》の方言《ほうげん》がたくさんでてきます。

大神様《おおがみさま》「正直に言え。」
たつ「おりゃあ、そま衆《しゅう》のたつという者どうが。山が光っとうで、なんずらかと思ってきとうどうが。そうしたらば、うまいごっそうが、いっぺえあって……」
女の神様「え、まさか……」

（二〇一九年度わらべどんぐりまつり　民話劇《みんわげき》台本「そま衆の休日」より一部抜粋《ばっすい》）

奈良田《ならだ》の方言に、会場のおじいちゃん、おばあちゃんは大よろこびです。子どもたちは本物のわらじをはき、てぬぐいを首にまき、もんぺをはいてすっかり当時の村人や子どもになりきっています。一年生から六年生の二十名全員の熱演《ねつえん》が会場に伝わります。

最後に全員で踊《おど》り、唄《うた》うのは奈良田追分《おいわけ》。百年以上の歴史《れきし》がある奈良田民謡《みんよう》です。五年生の女の子二人の三味線《しゃみせん》の演奏《えんそう》がはじまりました。

三年生の男の子の、のびやかな奈良田追分の歌声に、客席がききほれました。

会場のおじいちゃん、おばあちゃんが楽しそうに手拍子《てびょうし》をはじめました。

あっという間の三十分でした。


つぎに、校庭でおこなわれるのは「北小ドリームファンタジー」です。

一年生から六年生の二十名全員が気持ちを一つにして、一輪車にのります。

一学期から、ずっと練習してきました。いろんな思いがつまった一輪車です。

すぐに乗れる子もいれば、よろよろしてしまい、サドルにおしりをのせられない子もいます。

さあ、全員が横一列に校庭にならびました。

みんなのしんけんなまなざしが、真っ直ぐ正面を見つめています。

全員が手をつなぎ、最後の大車輪を演じます。

ちょっとちぎれてしまっても、息をあわせて、心を一つに一輪車はまわります。

こうして、二〇一九年十一月八日の「わらべどんぐり祭り」は、終わりました。

児童会のスローガンは「心を合わせて　やりとげよう（ワンチーム・ワンハート）」でした。

一人ひとりの心に残ったわらべどんぐり祭り。

子どもも大人も笑顔《えがお》が、かがやいていました。

緑の山にかこまれた校庭の青い空からは、山の神さまたちがほほえんでいるようでした。

早川北小
わらべどんぐり祭り

練習をしてきた一輪車で演《えん》じるのは「北小ドリームファンタジー」です

台風で一度は中止になった「わらべどんぐり祭り」を11月に行いました

民話劇《みんわげき》「そま衆《しゅう》の休日」を、早川北小20名全員で演じました

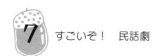

第八章　山にひびく白鳳《はくほう》太鼓《だいこ》

町の中央に位置する早川中学校には、二校の小学校の子どもたちが進学します。

二〇一九年九月十四日。

広いグランドに面した早川中の玄関《げんかん》に、町の人や子どもたちが集まってきます。

玄関では、いつも生徒を温かく見守《みまも》る仙洞田和男《せんどうだかずお》校長先生（当時）、秋山欣仁《あきやまよしひと》教頭先生（当時）がむかえてくれます。

今日は、早川中の学園祭「第三十七回　白鳳祭《はくほうさい》」が行われる日です。

早川中の生徒たちのエネルギーが、ほとばしる日です。

小学校の子どもたちも楽しみにしています。それは中学生になったら「白鳳祭」で、「南アルプス白鳳太鼓」を演奏《えんそう》するからです。

早川中の玄関に入ると、右手に講堂《こうどう》が、おくにはステージがあります。

ステージの上には、「第三十七回白鳳祭」の文字がはられています。学園祭のテーマは「共鳴《きょうめい》」です。

ステージの上で、ひときわ目につくのは赤いおけどう太鼓です。大人の背《せ》たけよりも高い和太鼓です。

「南アルプス白鳳太鼓」と、書かれた布《ぬの》がかけられています。

まん中には、鉄づつがおいてあります。これで太鼓《たいこ》のリズムをとります。

ステージのおくには、おぼんのような形をした、まるい金属製《きんぞくせい》の打楽器がつるされています。どらです。どらは始まりの合図に使われます。

ステージ下には、いくつものおはやし太鼓が、生徒たちをまつようにならんでいます。

これから大迫力《だいはくりょく》の「南アルプス白鳳太鼓」が演奏されます。

一学期の始めから夏休み、そして本番前まで練習を続けてきた生徒全員が登場しました。

みどり色のはっぴに、ねじりはちまきをきりりとしめています。

全員しんけんなまなざしで正面を見すえて、基本《きほん》の姿勢《しせい》で合図を待ちます。

足を大きくひろげ、身体を安定させ、両手をひろげてバチを天に向けます。

演目《えんもく》は飛竜三段返《ひりゅうさんだんがえ》し。

ゴーン　ゴーン　ゴーン

どらの音が鳴りひびきました。

つづいておけどう太鼓《だいこ》が、打ちならされます。

ズドーン、ズドーン、ドンドンドンドン

ピィーーーー

すんだ音色《ねいろ》のしの笛《ぶえ》が演奏《えんそう》にくわわると、はりつめた空気が会場をつつみます。

舞台下《ぶたい》にならんだおはやし太鼓が、いっせいに打ち鳴らされはじめました。

テケ　テケ　テンテン　ドンドコドン
鉄づつが、太鼓《たいこ》のリズムをとっていきます。

チーン　チーン　チーン　チーン
講堂《こうどう》のゆかにひびく、力づよい太鼓の音です。

生徒たちの気迫《きはく》の表情《ひょうじょう》が、観客をひきつけます。

太鼓の音は力強く、そしてリズミカルです。

早川南小と早川北小の子どもたちは、しんけんな顔つきで先輩《せんぱい》たちの演奏を見つめています。六年生は、来年の自分のすがたを思いうかべていることでしょう。

演奏が終わっても、会場は熱気につつまれています。

熱気がさめないまま、演劇《えんげき》発表がはじまりました。

演劇《えんげき》は、セリフや演技《えんぎ》で、台本に書かれた物語を舞台《ぶたい》で表現《ひょうげん》します。

今年の演劇は、一年生と二年生が合同で、三年生は最後の演劇を単独《たんどく》でおこないます。

演劇は演技をする人だけでなく、裏方《うらかた》も必要です。みんなが協力してつくりあげることで感動も生まれます。

一年生と二年生の台本は、先生が選《えら》んでくれました。

題名は「グッドバイ・マイ…」

四人の子どもたちが、生まれる前の世界で、自分たちの運命をのぞきます。

そこで、きびしい運命がまっていることを知ります。

子どもたちはまよいます。

「このまま消えてしまおうか？　運命がわかっても生まれようか？」

演じる中学生にも観客にも問いかける作品です。

三年生は、夏休み前まで台本が決まらずにいました。

先生から提案《ていあん》された台本と、生徒たちが選んだ台本で意見がぶつかっていたのです。

生徒たちがさがしてきた台本は、インターネットで見つけた作品でした。

題名は「たむけるタイムカプセル」。登場人物は高校生。

なくなったタイムカプセルをとりまく、高校生のやりとりです。

先生と生徒のあわい恋《こい》、友情《ゆうじょう》、そして未来の自分たちのすがたを想像《そうぞう》するなど、中学生にとって身近な内容《ないよう》でした。

ところが、先生と生徒の意見がなかなかまとまりませんでした。

過去《かこ》と未来の時間の設定《せってい》がわかりにくい、登場人物の名前が男になったり女になったりすることが原因《げんいん》でした。

そして話し合いの結果、決まったのは「たむけるタイムカプセル」でした。

「演劇とはなんだろう?」

「どんな台本を選《えら》ぶか」

「白鳳祭《はくほうさい》にとって、演劇《えんげき》とはなんだろう」

今回の台本の決め方は、先生と生徒たちに、いくつかの課題をなげかけたのかもしれません。


早川中の今年の三年生は十人でした。二年生は五人です。

来年の三年生は、単独《たんどく》で演劇が出来るのでしょうか？

二年生の尾澤琴《おざわこと》さんは、

「合同ではなく、三年生だけで演劇をやりたい。感動できるものがいい」

と、考えています。

三年生は、二年生にエールをおくります。

三年生の中根海《なかねかい》さんは、こう言いました。

「以前は三人だけで、演劇をやったことがあると聞いてます。一人では弱いけど、一人ひとりがなにをすればよいのか、考えることで道はみつかると思います」

同じく三年生の岩田直樹《いわたなおき》さんは、今回の台本をさがしてきた一人です。

「自分が楽しむことが大切だと思う。楽しむことで、みんなに伝わることがある」

植野朔《うえのさく》さんは、演劇でのりこえたことがありました。

「自分の役はとても長いセリフがあった。台本を読んだ時に覚《おぼ》えきれない、おれにはできっこない、と思った。でも、本番が近づくと、おれがセリフを覚えないとみんなにめいわくがかかると思った。必死で覚えて、とうとう全部のセリフを言い終えたとき、泣いてしまった」

そして、「あきらめないことだと思う」

と、いう言葉を二年生におくりました。

人前で話すことが苦手だった琴さんは、すっかり変わりました。

陸上部に所属《しょぞく》し、校庭を元気に走りまわっています。

「早川町《はやかわちょう》は人がやさしくて、行事が多いところも好きです。満天《まんてん》の星が好きです」

「早川町のいいところを、たくさんの人に知ってもらいたい」

と、琴《こと》さんは思っています。

海《かい》さんは、三年生になり生徒会長をつとめています。

生徒会長として、白鳳祭《はくほうさい》のあいさつ文にこんなことを書いています。


昨年より生徒数が少なく、活動は日々いそがしく、時には仲間とぶつかりあうこともありました。しかし、白鳳祭を成功させたいという思いは全員同じです。この思いを共鳴《きょうめい》させながら、私《わたし》たちだけの、私たちだからつくり上げられる白鳳祭にしてみせます。ぜひ私たちのかがやくすがたを見ていただきたいと思います

中学生になった海さんをささえているのは、母、中根瑞枝《なかねみずえ》さんへの誇《ほこ》りです。

「母は人を助けることができる人だった」

心にやきついている、瑞枝さんの面影《おもかげ》です。

「北っ子応援団《おうえんだん》の団長になり、チラシやホームページを作っていた。できるのかなぁと思って見てたら、ちゃんとやっていた。すごいなぁ」

と、思いました。

海さんは口に出さなくても、瑞枝さんを尊敬《そんけい》していました。

「生んでくれて感謝《かんしゃ》している」

そして、早川町が本当に好きな海さん。

「町《まち》全体が家族のようだ」

と、早川町について語りました。

中根瑞枝《なかねみずえ》さんが立ち上げた「北っ子応援団《おうえんだん》」は、新しい団長に引きつがれ、活動が続けられています。

学校や地域《ちいき》の人々、そして早川町《はやかわちょう》全体が、山村留学《さんそんりゅうがく》にきた家族にとっての応援団なのです。

早川中学校 白鳳祭《はくほうさい》

第37回白鳳祭は、南アルプス白鳳太鼓《だいこ》の演奏《えんそう》ではじまりました

白鳳祭では、1，2年生は合同で、3年生は単独《たんどく》で演劇《えんげき》を行います

白鳳祭がおわって、みんなにっこり

第九章

早川町《はやかわちょう》から全国へ
―陸上《りくじょう》クラブは大かつやく―

二〇一九年の全国中学校陸上競技選手権《りくじょうきょうぎせんしゅけん》大会・男子走り幅跳《はばと》びで、早川中三年生の深沢瑞樹《ふかさわみずき》さんが三位入賞《さんいにゅうしょう》をはたしました。

深沢さんのかつやくに、早川町はよろこびにつつまれました。

全校生徒二十名の中から、全国三位の生徒があらわれたのです。

深沢さんは、早川町北部の奥深《おくぶか》い奈良田《ならだ》から、早川中に通う生徒です。小学二年生の時、早川町に家族でやってきました。山村留学《さんそんりゅうがく》です。早川北小に転入しました。

当時、早川北小の二年生には中根海《なかねかい》くんがいました。二人は同級生です。

ちなみに早川中では、二〇一八年関東《かんとう》中学校陸上競技大会の男子砲丸投《ほうがんな》げでは、一位になった生徒がでました。

早川町の子どもたちが、陸上でかつやくする秘密《ひみつ》はなんでしょうか？

それは三十二年の歴史《れきし》をもつ「早川陸上クラブ」の存在《そんざい》です。

クラブのコーチは望月弘一《もちづきひろかず》さん。早川町生まれで三十二年間コーチを続けています。

望月さんは、短距離走《たんきょりそう》で国民体育大会に七回も出場したことのある選手でした。

「でも、子どものころ、けっして速かったわけじゃありません」

望月さんは意外なことを言いました。

望月さんは、学校からたのまれて、子どもたちに陸上競技の話をする時があります。

お話の中で「お手伝いをしなさい」と、かならず話します。

聞いている子どもたちは、きょとんとしています。

望月さんが子どものころ、ご飯を炊《た》く燃料《ねんりょう》は薪《まき》でした。炊飯器《すいはんき》が各家庭にあることが、まだめずらしいころでした。

毎日学校から帰ると、弘一《ひろかず》少年は三十分ほどかけて山に登ります。お母さんが山で切っておいてくれた薪《まき》を取りに行くためです。薪は大切な燃料《ねんりょう》でした。

背中《せなか》にせおった「背負子《しょいこ》」に、たくさんの薪をのせて山をおります。「背負子」は背中で荷物を背負って運ぶための道具です。山のように薪をつむと、重さは十キロ以上になりました。

「とちゅうで休みますね。その時、背負子をせおったまま切り株《かぶ》に腰《こし》をかけるので、足の筋肉《きんにく》がきたえられたんですね」

そのおかげなのか、弘一少年は走るのがとても速くなりました。

大人になり、国民体育大会や大きな陸上《りくじょう》大会でかつやくをしてきた望月《もちづき》さんは、「山の中でくらす子どもたちに、大きな大会を経験《けいけん》させてあげたい」と、考えるようになりました。

そこで早川北小によびかけたところ、子どもたち全員が陸上クラブに入ってきたのです。

放課後はみんなで運動です。

望月さんは「子どもたちが楽しく運動をしてくれればいい」と考えていたのですが、予想もしないことがおきました。

二年目になると、陸上大会に出場する子どもがあらわれたのです。そういう子どもが一人あらわれると、他の子どもたちもやる気になります。

中学生になっても、子どもたちは陸上クラブを続《つづ》けます。望月さんも引き続き、指《し》導《どう》を引き受けることになりました。

すると、早川南小や早川中からも「指導をしてほしい」という要望があり、とうとう早川町の小中学校三校合同の陸上クラブになっていたのです。

望月さんは仕事を続けながら、三校の子どもたちの指導を続けました。

仕事があっても、陸上《りくじょう》クラブが始まる時間には、どうしてもグラウンドにいかなければなりません。望月《もちづき》さんは、周りの人にささえられながら、今日までコーチを続《つづ》けることができました。

深沢瑞樹《ふかさわみずき》さんは、中学に入学した時から身体能力《しんたいのうりょく》が高いことがわかりました。

「教えることをどんどん吸収《きゅうしゅう》していく」

と、望月さんは深沢さんを評価《ひょうか》しています。

中根海《なかねかい》さんも陸上競技《きょうぎ》で優秀《ゆうしゅう》な成績《せいせき》を残しています。今は望月さんといっしょに、小学生の指導《しどう》をしています。

望月さんの指導のコツは、まず大会に出てもらうこと。一人ひとりの個性《こせい》を見ぬきながら、出場して最下位にならない競技を取り組むように考えています。

「すぐれた選手はみんなの手本になります。けれども全員がそうではないのです」

ある年、中学生で山村留学《さんそんりゅうがく》をしてきたAさんがいました。陸上クラブに入部しましたが、なにかにつけ反抗的《はんこうてき》な態度でした。

「どうすればいいいんだろう」

望月さんは考えました。

反抗的でもAさんは、陸上クラブの練習には参加しています。

「そうだ。Aさんに目標をもたせよう」

Aさんを大会の予選会に出場させてみたのです。

すると、予選会で走りきったAさんは泣き出してしまいました。

望月さんは聞きました。

「なんで泣くんだ」

Aさんははじめて、素直《すなお》にこう答えたのです。

「おれは…最後まで走りました。はじめて、ちゃんと走りました」

苦しかった自分をはきだしたのです。
走り切ったことで、Aさんの中で何かがかわったのです。
望月《もちづき》さんは言います。
「こういう子どもがいるので、コーチはやめられません」
陸上《りくじょう》クラブを通して、子どもたちを見守《みまも》りつづける人々。
こうした人々も、早川町《はやかわちょう》の子どもたちの成長の原動力になっているのかもしれません。

早川陸上《りくじょう》クラブのかつやく

深沢（早川）走り幅3位

全国一へ あと7㌢

全国中学校大会

全国中学校体育大会は24日、大阪・ヤンマースタジアム長居などで行われ、山梨県勢は陸上の男子走り幅跳びで深沢瑞樹（早川）が3位になった。深沢は予選1組に出場。2本目の試技で通過標準記録（6㍍75）を突破する6㍍79をマーク。決勝では6本目の試技で7㍍03を記録した。23、24の両日に京都・向日市民体育館で行われた体操団体は、城南が男子で準優勝、女子は5位に入った。同個人も男子の中込陸斗が床運動で、女子の竹沢薫子が平均台で、それぞれ3位となるなど入賞ラッシュだった。〈長坂実和子、橘田俊也〉

＝関連記事26面

【全国中学校陸上大会　男子走り幅跳び決勝】６本目の試技で７㍍03をマークした深沢瑞樹（早川）＝大阪・ヤンマースタジアム長居

勝負を決する最終6本目の試技。スタートラインに立った深沢瑞樹は観客席に向かって大きな声で「手拍子お願いします」と呼び掛けた。観客に後押しされるように軽やかな助走からスピードに乗ると、力強く踏み切った。

7㍍03。向かい風の中、この日一番の跳躍を見せたものの、トップにわずか7㌢届かず、がっくりと膝をついた。

9日に行われた関東大会で日本中学記録の歴代5位となる7㍍23をマークしながら、準優勝に終わった。大ジャンプにも厳しい表情を崩さず、「悔しさをバネに、全中では全力で臨む」とひとかたならぬ決意を抱いて挑んだ大会だった。

この日は上位3人が7㍍台をマークするハイレベルな争い。全国大会とあって序盤は「少し力みがあった」というが、3本の試技を終え、ベスト8に残った時点で「絶対に勝つ。力を出し切るだけ」と切り替えた。「記録を伸ばせず苦手」としていた後半で地力を発揮。中学最後の大会で表彰台に立った。

目標とする全中優勝、日本中学記録更新はならなかった。それでも、指導を仰ぐ早川陸上クラブの望月弘一コーチは「伸びしろはまだまだある」と成長に期待を寄せる。深沢も悔しさをにじませつつ、「最後まで競技を楽しむことができた。高校でも続け、記録を伸ばしていきたい」と前を向いた。〈長坂実和子〉

提供《ていきょう》:山梨日日《やまなしにちにち》新聞社2019年８月25日掲載《けいさい》

早川陸上クラブは、早川中、早川北小、早川南小三校合同の陸上クラブです

第十章　どうして人がいなくなったの？

六つの村が一つになる

早川町《はやかわちょう》の町長、辻一幸《つじかずゆき》さん（以下、辻町長）は、今年八十歳《さい》になります。丸顔の、大きな声でお話をする、とても元気な町長です。辻町長は一九八〇年（昭和《しょうわ》五十五年）に町長に就任《しゅうにん》し、四十年以上、早川町の子どもたちの成長を見守《みまも》り続《つづ》けました。

辻町長は、一九四〇年（昭和十五年）旧三里村《きゅうみさとむら》の新倉《あらくら》で生まれました。

辻町長が生まれたころの新倉は、とてもにぎやかでした。子どもたちが集まる駄菓《だが》子屋《しや》、食品店や日用雑貨《ざっか》店やとうふ屋がありました。映画館《えいがかん》もありました。

辻少年の家は新倉で旅館を営《いとな》んでいました。辻少年はここから当時の三里小学校、三里中学校に通いました。旅館は仕事でやってくるお客さんで、いつもにぎわってい

ました。

町の中央を流れる早川《はやかわ》は、水量が豊富《ほうふ》で流れの速い川でした。この川を利用した水力発電所の建設《けんせつ》が、大正《たいしょう》時代からはじまりました。

外国にも協力してもらい、早川流域《りゅういき》に水力発電所をつくりました。いろいろな人が移《うつ》り住んで、にぎやかになりました。

辻少年が中学生の時です。

町の人のようすが気になりました。

旅館のお客さんと町の人が、熱心に話しこんでいるようすをたびたび目にしました。

「村が合併《がっぺい》するらしいぞ」

「合併って、どこかの村といっしょになるということか？」

「そうだ。西山村《にしやまむら》、三里村、硯島村《すずりしまむら》、都川村《みやこがわむら》、五箇村《ごかむら》、本建村《もとだてむら》の六つの村がいっしょになるんだと」

（がっぺいってなんだ？）

辻《つじ》少年にはなんのことやらわかりませんでしたが、大人たちのしんけんなようすが気になりました。

早川流域《りゅういき》の六つの村は、それぞれ独自《どくじ》の生活文化をきずき栄《さか》えていました。

そのうち子どもどうしでも、村の合併《がっぺい》のことが話題になりはじめました。

「六つの村がいっしょになって町になるらしいぞ」

「へー、町か。かっこいいな」

「新しく役場《やくば》もつくるらしいぞ」

「だけど、どこにつくるんだ。今は村ごとの役場があるからいいけど、町になったら町役場は一つになってしまうぞ」

「そうだ。父ちゃんは反対だって言ってたぞ」

一九五三年（昭和《しょうわ》二十八年）からはじまった合併の話は、三年たっても決めることができず、とうとう山梨県《やまなしけん》に決めてもらうことになりました。

一九五六年（昭和三十一年）早川町《はやかわちょう》が誕生《たんじょう》しました。

六つの村がいっしょになると人口は、約八千人になりました。

町の人は、人口が増《ふ》えて、大きくなった町に夢《ゆめ》をいだきました。

「これから町は発展《はってん》するぞ」

「高度経済成長《こうどけいざいせいちょう》で、日本列島に道路がどんどんできるらしいぞ」

「早川の人口が増えるといいなぁ」

合併後しばらくして、辻少年がびっくりすることがおきました。

「えっ！　五箇《ごか》中学校と本建《もとだて》中学校がなくなるのか？」

それは辻少年が十八歳《さい》の時のことでした。

合併《がっぺい》をした当時は、それぞれの合併前の村に小学校と中学校がありました。

その小学校と中学校の統廃合《とうはいごう》がはじまったのです。学校の統廃合はすすみ、およそ三十年の間で六校ずつあった小学校と中学校が、小学校二校と中学校一校になってしまったのです。

昭和《しょうわ》の町村合併《がっぺい》以後、都市と都市を結ぶ道路が整備《せいび》され、日本は高い経済成長《けいざいせいちょう》をとげていきます。

自動車が増《ふ》え、人が都会に集まりました。都会ではたくさんの家が建《た》ち、材料は安い外国の木材が使われはじめました。

こうして早川町《はやかわちょう》の産業だった林業は、たちまちさびれていきました。

もう一つの産業だった水力発電は、水力発電所の自動化がはじまりました。そして、そこに働いていた人たちの仕事がなくなりました。水力発電所はその後、無人化されました。

電力会社の社宅《しゃたく》に住んでいた家族は、町から出て行きました。

そして、山の仕事もなくなった人も、早川町から出て行くようになりました。

これは早川町にとって、大きな痛手《いたで》でした。

学校の統廃合も、早川町に大きな影響《えいきょう》をあたえました。

学校のない集落に、若《わか》い人たちが住まなくなりました。

学校のない場所では、結婚《けっこん》をして子どもを育てることができないからです。

合併当時八千人いた町民が、辻《つじ》少年が大人になった時には、三千人くらいまでへってしまっていたのです。

「このままでは町がなくなる」

辻一幸《つじかずゆき》さんが三十六歳《さい》の時です。辻さんは町長選挙に立候補《りっこうほ》する決意をしたのです。

一回目は落選《らくせん》してしまいましたが、つぎの町長選挙で当選することができました。

一九八〇年（昭和《しょうわ》五十五年）、辻《つじ》さんが四十歳《さい》の時、早川町長《はやかわちょうちょう》に就任《しゅうにん》しました。

みんながきめた道

昭和の時代から平成《へいせい》の時代になりました。

一九九九年（平成十一年）、ふたたび国は市町村合併《がっぺい》の推進《すいしん》をはじめました。

人口が少なくなっていた早川町は、合併をするか、しないかを決めなければならなくなりました。

昭和の町村合併から四十三年がすぎていました。辻町長にとって早川町は大切なふる里です。その生き残りをかけた合併問題です。

辻町長は考えました。

「昭和の合併は県に決めてもらった。平成の合併は町民一人ひとりに考えてもらうことが大切だ。なぜなら町民が自分のこととして、決めたことに責任《せきにん》をもたなければならないからだ」

そのために、町民どうしが話し合う機会を何回も作りました。

集落ごとに話し合い、町でも話し合い、合併を考える機会を作っていったのです。

昭和の合併を知っている人は

「前の合併で町はどうなったんだ。合併した時に八千人いた町民は、二千人ちょっとになっちまった」

「林業もさびれ、水力発電所で働く人もいなくなり、町はどうなるんだ」

「まわりの町はみんな合併にかたむいているぞ。早川町だけ孤立《こりつ》することなんてできないぞ」

こんども、賛成《さんせい》意見と反対意見にわかれぶつかりあいます。

辻町長は、最後に町民の意思をアンケートに書いてもらうことを決意しました。

町民一人ひとりに合併《がっぺい》に対する意思表示をしてもらうためです。

その結果、

「今回の合併は見送る」という意見が六割《わり》になりました。

三割は「合併もしかたない」と、考えました。残る一割は「全国がそういう流れだからしかたがない」というアンケート結果でした。

こうして早川町《はやかわちょう》は、「日本一人口の少ない町」としての道のりを歩きはじめたのです。

それからおよそ二十年がたちました。

今、辻町長はこう考えています。

「たしかに人口を増《ふ》すのはむずかしいことだ。けれども合併を選《えら》ばなかったことで、町民の町への思いが強くなったように思う。町への誇《ほこ》りや郷土愛《きょうどあい》が育っているように感じる」

そして、

「合併をすることもしないことも、町民が責任《せきにん》をもって決めました。町長と役場は、町民が出した答えを尊重《そんちょう》し、この町をしっかり守《まも》っていくことだと思っています」

それは町長と町民が決断《けつだん》した、平成《へいせい》の合併に対する答えでした。

町長と子どもたちの交流

辻《つじ》町長は、いつも早川町《はやかわちょう》の子どもたちを見守っています

「そま衆《しゅう》の休日」を演《えん》じる前の、早川北小の子どもたちにアドバイス

早川北小の入学式にて

おわりに

二〇一九年、早川町《はやかわちょう》の一番奥《おく》にある奈良田《ならだ》に新しい命が誕生《たんじょう》しました。NPO《エヌ・ピー・オー》法人日本上流文化圏研究所《にほんじょうりゅうぶんかけんけんきゅうしょ》に勤《つと》める上原佑貴《うえはらゆうき》さんと若菜《わかな》さんに、四番目の女の子が生まれました。集落にとって、十三年ぶりの赤ちゃんです。赤ちゃん誕生のお祝いに、奈良田の人々が上原さんの家に集まり、手作りのおぼこ人形を贈《おく》りました。

二〇二〇年、早川町は総務省《そうむしょう》が行っている「ふるさとづくり大賞」で奨励賞《しょうれいしょう》を受賞しました。教育費《きょういくひ》の無償化《むしょうか》や親子での山村留学制度《さんそんりゅうがくせいど》の取り組みが評価されたのです。

二〇二一年には東京オリンピック・パラリンピックが予定されています。オリンピックの聖火《せいか》ランナーに、早川中（当時）の深沢瑞樹《ふかさわみずき》さんが選《えら》ばれました。聖火を持って、早川町《はやかわちょう》を走りぬけるすがたが期待されています。

二〇二〇年四月。早川町の小学校と中学校では入学式をむかえ、新年度がはじまりました。

早川北小に二人の新一年生が入学しました。きんちょうしたようすの一年生を「ようこそ！」と、みんなでむかえました。

早川南小では新一年生と転入生の六年生一人といっしょに、入学式と始業式を行いました。早川南小の一年のはじまりです。

早川中には、早川北小と早川南小を卒業した五人が入学しました。今年は全校生徒十五名でスタートします。

さあ、どんな一年になるのでしょう。

希望いっぱいの早川町の子どもたち。

きっと今年も大きくつばさをひろげ、羽ばたいてくれるにちがいありません。

うれしいこと、悲しいこと、つらいことがあっても、かならずめぐる春。

時は少しずつ前にすすんでいます。


早川町の人口は、千四十人です。（二〇二〇年三月現在《げんざい》）

昨年にくらべると人口が少なくなりました。数字のうえでのきびしい状況《じょうきょう》は続いています。

けれども数字ではあらわすことのできない、人のくらしがそこにあります。

町には昔から、大事にされてきた言葉があります。

「めたきけし」

これは、「たくさん質問《しつもん》をしよう。そして相手の話をよく聞こう」という意味です。

「まんのうがん」

まんのうはいろんなことに、「たくみ」という意味です。「まんのうがん」は昔の人からうけついだ知恵《ちえ》や技術《ぎじゅつ》をいかし、たくましく生きることを言います。

「ゆうげいし」

助けてもらったら、つぎは助けるのがあたり前。助け合うのが自然のすがた。相互《そうご》扶助《ふじょ》の精神《せいしん》をあらわします。

どの言葉も、きびしい山のくらしをたがいに助け合い、生きぬこうとする気持ちがこもっています。

一人ひとりを大切に、南アルプスのふもとに生きる早川の人々。早川町《はやかわちょう》の未来は、これからも続きます。

あとがき

私が住む山梨県北杜市《やまなしけんほくとし》から、南アルプスの山々をながめることができます。この山の向こうに早川町があります。

同じ県の人に「早川町って知ってますか?」とたずねると「子どもが少なくて、さびしいところでしょ」と、言われました。ドキリとしました。少ないという言葉が、マイナスのイメージをもたれているような気がしたからです。

私は「そんなことはないですよ! 少なくても、一人ひとりが元気ですよ!」という思いをこめて、この作品を書かせてもらいました。

取材した早川町の子どもたちからは、「町のことをたくさんの人に知ってほしい」という声がよせられました。

「自分たちの住んでいる町は、いいところがたくさんあります」

「ずっと住みたいと思ってます」
そんなふうに、自分の町のことを考える子どもたちに、力強さを感じました。
早川町《はやかわちょう》が存続《そんぞく》をきめた小学校二校。
全国では二〇〇二年度から二〇一七年度の間に廃校《はいこう》または統廃合《とうはいごう》をした小・中・高の学校は七千五百八十三校です。（文部科学省《もんぶかがくしょう》平成《へいせい》三十年度廃校施設等活用状況実態調査《はいこうしせつとうかつようじょうきょうじったいちょうさ》より）
早川町が合併《がっぺい》をふみとどまった「平成の大合併」。一九九九年に、全国に三千二百三十二あった市町村が、二〇一四年には一千七百十八市町村にへりました。（総務省《そうむしょう》ホームページより）
早川町に取材をかさねながら、いだいた疑問《ぎもん》がありました。
「市町村の合併や学校の統廃合で、人口は増《ふ》えてるのかな？　かえってへってるんじゃないのかな？」

その答えをだしていくのは、わたしたち一人ひとりかもしれません。

この作品は以前から早川町に関心をよせられていた、文研出版《ぶんけんしゅっぱん》の小林篤様《こばやしあつし》のご提案《ていあん》から生まれた作品でした。

取材では、早川町のみなさまに大変お世話になりました。感謝《かんしゃ》申し上げます。たくさんの質問《しつもん》に、元気よく答えてくれた早川の子どもたち。本当にありがとうございました。

二〇二〇年　春

浜田尚子《はまだなおこ》

浜田 尚子（はまだ なおこ）

福岡県生まれ。日本児童文学者協会・日本児童文芸家協会会員。

『リンゴ畑の天使』で第二回子どものための感動ノンフィクション大賞優良作品賞を受賞。著書に、同作品をまとめた『リンゴの老木とフクロウ』（文芸社）、『田んぼに畑に笑顔がいっぱい』（佼成出版社）。山梨県在住。

取材協力（敬称略）

山梨県早川町立早川南小学校／山梨県早川町立早川北小学校／山梨県早川町立早川中学校／早川町役場／早川町教育委員会／一瀬純司／望月弘一／大倉はるみ／山梨県小学校管楽器教育研究会
写真提供
山梨日日新聞社／南アルプス生態邑／NPO 法人日本上流文化圏研究所／早川町観光協会／NPO 法人早川エコファーム／そば処アルプス

参考文献

小野川洲雄「グッドバイ・マイ・・・」（演劇台本）
岩野秀夫「たむけるタイムカプセル」（演劇台本）
藤岡換太郎「フォッサマグナ」（講談社）
山崎晴雄・久保純子監修「日本列島 100 万年史　①誕生のふしぎ」（講談社）
「早川の谷・風土誌」（国土交通省関東地方整備局富士川砂防事務所）
「親子で山村留学」（早川町教育委員会）
「そま衆の休日」（民話劇台本）「早川北小学校」「北っ子応援団」（早川町立早川北小学校）
「やまだらけ」No.28，No.48，No.60，No.90（ NPO 法人日本上流文化圏研究所）
「早川町人口ビジョン」「早川町山村留学制度について」「広報はやかわ」（早川町）
「平成の合併について」（総務省）
「平成 30 年度廃校施設等活用状況実態調査」（文部科学省）

〈文研ブックランド〉　2020年 8 月30日　第 1 刷発行
小さな町のでっかい笑顔
著　者　浜田尚子
ISBN978-4-580-82422-5
NDC 916　A 5 判　128P　22cm

発行者　佐藤諭史
発行所　文研出版
〒 113-0023　東京都文京区向丘 2 丁目 3 番 10 号
〒 543-0052　大阪市天王寺区大道 4 丁目 3 番 25 号
代表 (06)6779-1531　児童書お問い合わせ (03)3814-5187
https://www.shinko-keirin.co.jp/

編集協力　藤本美郷
ブックデザイン　株式会社 M プランニング
装幀・デザイン　竹中俊裕（たけなかアトリエ）
イラストレーション　かみやま裕子
写真撮影　藤井孝弘／浜田尚子
印刷所／製本所　株式会社太洋社

ツキノワグマ
タヌキ
（ホンドタヌキ）
キツネ
（ホンドキツネ）
リス
（ホンドリス）